共和国科学拓荒者传记系列

# 朱光亚传

Zhu Guangya Zhuan

奚启新／著

中国青年出版社

（京）新登字083号

图书在版编目（CIP）数据

朱光亚传 / 奚启新著. —北京：中国青年出版社，2017.8
（共和国科学拓荒者传记系列）
ISBN 978-7-5153-4882-7

Ⅰ.①朱… Ⅱ.①奚… Ⅲ.①朱光亚（1924～2011）—传记
Ⅳ.①K826.11
中国版本图书馆CIP数据核字（2017）第206528号

责任编辑：方小玉　彭　岩
装帧设计：刘　凛　刘黎立

出版发行：中国青年出版社
社　址：北京东四12条21号
邮政编码：100708
网　址：www.cyp.com.cn
编辑部电话：（010）57350503
门市部电话：（010）57350370
印　刷：三河市君旺印务有限公司
经　销：新华书店

开　本：710×1000　1/16
印　张：22.75
插　页：2
字　数：220千字
版　次：2017年10月北京第1版
印　次：2022年1月河北第2次印刷
定　价：39.00元

本图书如有印装质量问题，请凭购书发票与质检部联系调换
联系电话：（010）57350337

# 目　录

卷首语　/1

第一章　青春年华　/1

　　长江边的故事　/1
　　少儿也有热血　/8
　　苦难磨砺人生　/10
　　不一样的南开　/15
　　确立人生理想　/19

第二章　大学风云　/24

　　就读西南联大　/24
　　清贫中的富有　/29
　　了不得的满分　/34
　　投身民主运动　/39

## 第三章　特殊使命　/43

与原子弹结缘　/43

攻读核物理学　/51

爱情悄悄降临　/56

走出迷茫之后　/63

新中国在召唤　/65

## 第四章　回国报效　/72

回到母亲怀抱　/72

执教北京大学　/77

有情人成眷属　/81

拿起笔做刀枪　/86

参加农村土改　/91

## 第五章　战地情怀　/93

奔赴朝鲜战场　/93

冒着炮火前进　/98

不平静的山谷　/103

高水平的翻译　/109

博弈在文武场　/116

## 第六章　师道楷模　/124

穿军装的帅哥　/124

　　　　深受学生喜爱　/129

　　　　百花开才是春　/139

　　　　忠诚党的事业　/143

第七章　肩负重任　/151

　　　　大戏拉开序幕　/151

　　　　加速人才培养　/156

　　　　归队中子研究室　/160

　　　　攻克核反应堆　/165

　　　　不寻常的推荐　/170

第八章　科技点将　/176

　　　　苏联政府变卦　/176

　　　　出任科技领头人　/183

　　　　各路诸侯会集　/188

　　　　向周总理汇报　/194

　　　　取得关键突破　/199

第九章　惊天动地　/206

　　　　聚合爆轰试验　/206

　　　　美苏图谋遏制　/213

　　　　核试验开创者　/218

　　　　决战时刻到了　/225

　　　　巨响震惊世界　/231

第十章　震撼世界　/241

　　　空爆一举成功　/241

　　　两弹神奇结合　/248

　　　攻克氢弹技术　/253

　　　点燃地下核火　/263

　　　潜海蛟龙问世　/269

第十一章　大师风范　/273

　　　临危处置险情　/273

　　　故友自远方来　/281

　　　深入核爆中心　/284

　　　君当洁身自傲　/289

　　　春天总会来临　/294

第十二章　春暖花开　/299

　　　飞弹横空出世　/299

　　　利器秘而不宣　/304

　　　科学界的旗帜　/310

尾声　/322

附录　朱光亚年表　/335

# 卷首语

2012年2月3日,北京。

"感动中国"2011年度人物颁奖盛典在中央电视台演播大厅隆重举行。

"两弹一星"功勋科学家朱光亚名列"感动中国"2011年度获奖者榜首。给他的颁奖词这样写道:

> 人生为一大事来。他一生就做了一件事,但却是新中国血脉中激烈奔涌的最雄壮力量。细推物理即是乐,不用浮名绊此生。遥远苍穹,他是最亮的星。

前来领奖的是朱光亚的长子朱明远。朱光亚一年前已离我们远去——

2011年2月26日,北京下着漫天白雪。雪花飘落,将整座城

朱光亚在办公室批阅文件

市素裹成一片洁白色的世界。

10时30分,被中国科学界誉为战略科学家的朱光亚,依依不舍地闭上了那双充满智慧的眼睛,享年87岁。

朱光亚生前曾经说:"我这一辈子主要做的就是一件事——搞中国的核武器。"

这是一件何等惊天动地的大事!它事关国家命运、民族安危。

正因为做的是这件大事,朱光亚曾长期隐姓埋名,默默无闻。社会大众不熟悉他,亲朋好友不了解他,甚至连他的子女只知道父亲一年四季忙忙碌碌很少回家,却不知道他从事的是什么样的工作。

正因为做的是这件大事,曾经飘逸潇洒、交际广泛的学生会领袖,南开中学小有名气的男声四重唱小组一员,美国密歇根大学合唱团成员,却改变了性格和爱好,成为守口如瓶、寡言少语、紧锁眉头的人。

朱光亚这个名字渐渐走入大众视野,是20世纪70年代以后的事。

1970年6月,中央军委任命朱光亚为国防科委副主任。

1977年8月,在中国共产党第十一届全国代表大会上,朱光亚当选为中央委员。自此,朱光亚于1982年、1987年、1992年分别当选为十二届、十三届、十四届中央委员。

1985年3月,中央军委任命朱光亚为国防科工委科技委主任。

1990年12月,朱光亚当选为中国核学会第三届理事会名誉理事长。

1991年5月,在中国科协第四届全国代表大会上,朱光亚当选为中国科协主席。

1994年3月,在全国政协八届二次会议上,朱光亚被增选为全国政协副主席。

1994年5月,在中国工程院成立大会预备会上,朱光亚全票当选为中国工程院首任院长。

1999年1月,中央军委任命朱光亚为解放军总装备部科技委主任。

2004年11月,国际小行星中心和国际小行星命名委员会决定,将由中国国家天文台发现的、国际编号为10388号小行星命名为"朱光亚星"。

2003年8月，79岁高龄的朱光亚再次向中央军委请辞，不再担任总装备部科技委领导职务。但中央军委从国防科技和武器装备工作全局考虑，继续予以挽留，直至2005年12月才决定朱光亚退出现职。此时，朱光亚已81岁高龄。老骥伏枥，一生精忠报国。

在中国科技界特别是国防科技领域，朱光亚声望之高，可谓如日中天，但他所从事的工作以及为国家、为民族所做出的巨大贡献，在大多数人眼里依然是个谜。一方面，这是因为朱光亚所从事的工作保密性极强，不能公之于众；另一方面，朱光亚处事极为低调，虽身处高位，但为人谦虚朴实依然不变。

朱光亚曾担任过《中国科学技术专家传略》编委会主任，组织指导有关部门为中国科技专家立传，但唯独不同意给自己立传。他说："核武器事业是集体的事业，一切荣誉都是集体的。我仅仅是其中的一员，是一个代表。"

尘封的历史终将被打开。

随着历史档案逐渐被解密，我们得以解读朱光亚神秘而传奇的一生。

让历史告诉后来者，昨天曾经发生的故事……

# 第一章

# 青春年华

## 长江边的故事

湖北宜昌，长江边一座有着千年历史的古镇。

1924年12月25日，镇上一户普通的朱姓人家里降生了一位男婴，取名光亚。

宜昌，古名夷陵，因"水至此而夷，山至此而陵"得名，清朝雍正年间改称"宜昌"，寓意"宜于昌盛"。

喜得贵子的朱家，挂起了灯笼，放起了鞭炮，盼望随着"光亚"的到来，家族也能"昌盛"起来。

朱光亚的父亲名叫朱懋功，时为宜昌邮政局职员。母亲万怀英，出生于平民家庭，是一位小脚的旧式妇女。

朱懋功年幼时父母相继去世,家境贫困。但朱懋功勤奋好学,考入了汉口平汉铁路法语学校,后因交不起昂贵的学费,不得不辍学。

辍学后的朱懋功,先是在长江一家轮船公司找了一份工作,往返于汉口、宜昌之间。之后,又进入邮政局工作,从底层干起,慢慢成为一名中级管理人员。

朱光亚的母亲善良贤惠,是一个具有中华民族传统美德的女性。她平生信佛,乐行善事。

朱懋功、万怀英夫妇共育有4子2女。朱光亚出生时排行老三,上有两位兄长。按家族族谱排序,他们属于光字辈。长兄

朱光亚(左一)兄妹与父母

朱光庭、二哥朱光鼎，之后，又陆续有了妹妹朱光玮、朱光湄，弟弟朱光慈。

朱懋功虽有一份不错的工作，但要抚养一大家子生活，经济还是比较拮据的。好在万怀英是个勤俭持家的主妇，善于精打细算，节俭度日。

生活虽然拮据，但朱懋功对子女很重视培养，从小就让他们接受良好的教育。

1927年，朱光亚3岁时，父亲朱懋功由宜昌调至汉口邮政局工作，全家随之迁居。

汉口地处汉水、长江交汇之处，隔长江与武昌相望，并汉水与汉阳相邻。与宜昌相比，汉口的教育环境更好，教育质量更高。

1929年夏，不满5岁的朱光亚，进入汉口第一小学附属幼稚园学习。幼稚园即为今天的幼儿园。在幼稚园学习了半年，朱光亚直接升入了该校初小一年级。那时，朱光亚还不满6岁。童年的朱光亚，不仅聪慧好学，而且有着很强的自控力。这在同龄学童中非常少见。童年，是天性喜欢玩耍的年龄。许多学生放学后，就像是放飞的小鸟，而朱光亚放学回家后做的第一件事，就是先完成老师布置的课外作业，作业不做完不出家门。这一点，朱光亚的确与众不同，连他的两个哥哥都自叹不如。朱光亚从小显示的这种自控能力，应该是一种特质和秉性天赋。

与同龄学童不同的，还有朱光亚的求知欲，从小就特别强

朱光亚小时候

烈。对老师讲授的知识,一定得弄懂了才罢休。如果有什么地方没弄懂,就会打破砂锅问到底,在学校问老师,回到家问兄长。因此,他的学习成绩一直名列前茅。

1935年,在小学六年级上学期,朱光亚又直接跳班考入了汉口圣保罗初级中学。这是一所由基督教教会开办的中学。

鸦片战争后,随着列强的入侵,封闭的国门被打开,教会学校也渐渐在中国兴起。

近代中西方文化交流,是一个双向对流的过程。教会学校既是西方文化的载体,同时又处于中国传统文化的熏陶之中。因此,在教会学校受到的教育,一定程度上是中西文化的结合。

教会学校师资条件比较好,特别是数理化和外语更具优势。朱光亚良好的数学基础和英语底子就是在圣保罗中学打下的。其中,给他留下印象最深的是一位教授英语的和蔼慈祥的美国老太太。每当听老太太的课,他格外认真。后来,朱光亚谈到当时学英语的体会时说:"一是认真听老师的发音与讲解,并注意老师的口型变化;二是要认真背诵、记忆已学过的单词。"

因为是教会学校,自然离不开传播基督教文化。朱光亚曾在一篇文章里这样写道:

> 我的初中是在一所教会学校度过的,教会学校特别注意对我们进行宗教思想教育,每日上午有早祷,每周由校长讲圣经课等。由于我母亲信佛,对我们的教育和影响比较深,所以未受到基督教较大的影响。

朱光亚虽然不怎么喜欢基督教,但喜欢去教堂听唱诗班唱歌。那充满诗意的美妙音乐,让少年朱光亚听得异常入神,陶醉于其中,并由此喜欢上了唱歌。

而长江更是给朱光亚留下了最初的人生启迪,对他的人生成长有着潜移默化的作用。

迁居汉口后,朱光亚全家租住在临近江边的一栋两层小楼里。小楼面积不算很大,红砖砌就的外墙,小小的木格窗户,显得有些陈旧。

闲暇时,朱光亚常和哥哥们去长江边嬉耍。他们用自己制作的小渔网,捕捉江边溪流里游走的小鱼;用好奇的目光,寻找着乱石滩中形状奇异的石头。更多的时候，则是安安静静地坐在堤岸上，欣赏着长江的美丽，享受江边的闲适。

那是一幅令人陶醉的画面：斜阳西照，江水波光粼粼。渔夫们在江边撒网捕鱼，水鸟在江面上矫捷飞翔，挂着白帆的木船在江中熙熙攘攘，来来往往。两岸依稀散落的民居里，在晚霞中不时升起袅袅炊烟。极目望去，犹如一幅浓淡相宜的国画。

这让朱光亚如痴如醉，心灵深处不由得滋生出丝丝柔情。他喜欢这种安逸和宁静，也慢慢养成了柔和的性格。多少年后，与朱光亚接触过的人，都会有这样的感觉，朱光亚性格温和，待人细腻，即使是成为大科学家后，也非常平易，从不盛气凌人。

更让朱光亚异常激动的，是长江边纤夫们沉重的脚步和高昂的号子。这在他幼小的心灵里，产生了强烈的震撼。什么是坚毅？什么是执着？朱光亚说，最初就是从他们身上感悟到的。

"纤夫"，是那个时代以纤绳帮人拉船为生的劳动者。他们光着膀子，弯着身子，肩挂纤绳，喊着号子，拉着大船，沿着江边，一步一步地艰难前行。

柔和，坚毅。这两种似乎并不相容的特质，在朱光亚的性格形成中，慢慢地融合在了一起。这正是一名伟大科学家必须具备的素质。

而长江流域发生的洪水，也给朱光亚留下了深刻印象。

朱光亚（后排左一）兄妹与母亲

1931年，长江发生特大洪水，武汉三镇被淹。洪水持续了4个月不退，水深处超过了2米。朱光亚曾回忆说，那次洪水，他们家住的那栋小楼也被淹了。洪水过后，许多难民无家可归，只能沿街乞讨，四处流浪。朱家生活虽也困难，但朱光亚的母亲却满怀爱心，上街施舍难民，给他们送上几碗米、几件衣。依傍在母亲身边的朱光亚，博爱的种子在幼小的心里渐渐生根、发芽。

2004年10月，朱光亚重返武汉。见到家乡的党政领导问的第一句话就是："汉南的堤防怎么样？""十年九淹的问题解决了没有？"

家乡领导回答:"在省、市人民政府的坚强领导下,汉南举全区之力,建成了固若金汤的江河堤防89公里。汉南不再有水患之忧了。"

朱光亚听罢,喜而击掌,说:"堤防关乎汉南人民的福祉。汉南解除了心腹之患,汉南的明天会更美好!"

## 少儿也有热血

朱光亚就读小学和初中的岁月,正是国家危难、遭受日寇侵略的时期。

1931年夏,朱光亚升入小学三年级那年,中国大地上发生了一件令国人震惊和悲愤的大事件。

9月18日,根据不平等条约驻扎在中国东北地区的日本军队,突然向中国守军发动进攻,继而占领了辽宁、吉林、黑龙江三省,史称"九一八事变"。这是中华民族的国耻!

面对日本军国主义的侵略,全国掀起了抗日热潮。北平、上海、南京、广州、武汉等地的学生、工人和市民群情激愤,纷纷游行示威、罢课罢工,强烈要求政府抗日。

年幼的朱光亚,虽然没有参加游行示威,但目睹了大哥哥、大姐姐们的抗日爱国举动,并且从老师的讲解中,知道了有个叫日本的国家侵占了中国的东三省。这给他留下了极深的印象。朱光亚后来说:"上小学时,我记忆最深的就是两件事:一是1931年长江发大水,二是'九一八事变'。那些年,天灾人祸不断！"

占领东三省后，日本的侵略野心越发膨胀。1937年7月7日，日军又在卢沟桥附近，以军事演习为名，突然向中国驻军发动进攻，开始了蓄谋已久的全面侵华战争。

卢沟桥事变，让中国军人忍无可忍。于是，第二十九军奋起抵抗，打响了中国全面抗战的第一枪。

7月8日，中共中央发出通电，向全国人民呼吁："平津危急！华北危急！中华民族危急！只有全民族实行抗战，才是我们的出路"；号召"全中国同胞，政府与军队，团结起来，筑成民族统一战线的坚固长城，抵抗日寇的侵略"！

全民族抗战的烽火就此燃烧起来。武汉大学的学生率先走上街头。随之，武汉的各大中学校的学生们也纷纷加入抗日洪流。已是中学生的朱光亚，这次和同学们手挽手，慷慨激昂，走上街头，高喊着"打倒日本帝国主义！"的口号，投入到了抗日救亡运动中。

当时，武汉已成为全国抗日中心。1937年12月13日，国民政府首都南京失守。国民党中央党部，国民政府军事委员会、经济委员会等重要机构，暂时先迁到了武汉。

中共中央派出周恩来、王明、博古、叶剑英等人组成的中共代表团也来到武汉，与蒋介石的国民政府共谋抗战大计。同时，一些社会活动家和知名人士如沈钧儒、郭沫若、邹韬奋等，也纷纷聚集武汉，成立民众抗日团体，宣传抗日主张，出版抗日刊物。

武汉三镇各界民众抗日热情分外高涨。在汉口火车站，拥满了前来参军的热血青年；各个募捐台前，围满了各界人士，除了政要名人、商贾富户和普通市民外，就连妓女和乞丐也纷纷解囊。当时的新闻媒体大为感叹，刊发文章称："商女也知亡国恨！"

武汉文化界、教育界组织了许多支宣传队，进行抗日救亡演出。以武汉各高等院校和中学为主，还掀起了抗日救亡歌咏活动。师生们高唱着抗日歌曲，热血沸腾。他们在校园唱，走上街头唱，感召着广大民众积极抗日。

生活在这样一座充满抗日激情的城市中，每个人的热血都在奔流涌动。朱光亚参加了学校歌咏队，他清晰地记得，唱得最多的是《毕业歌》《义勇军进行曲》《大刀进行曲》。

少儿也有热血。高唱着热血沸腾的抗日歌曲，爱国主义的萌芽，在少年朱光亚的心底深深扎下了根。

## 苦难磨砺人生

1938年6月，日军发布命令："以初秋为期，攻占汉口。"10个师团外加1个旅团的兵力，沿长江向武汉推进。

这时，朱光亚初中毕业了。为了躲避战乱，也为了不荒废学业，朱懋功决定把朱光庭、朱光鼐、朱光亚三兄弟送至重庆，继续上学。

1938年夏，14岁的朱光亚，与哥哥朱光庭、朱光鼐登上了开往重庆的客轮。这是朱光亚第一次远离父母。从此,他开始了颠沛流离的求学生活。

客轮上人满为患。兄弟三人好不容易在船舱的一个角落里找了个地方,铺上凉席,相互依偎着,身旁是简单的行李和几箱书籍。

开船了,客轮缓缓行驶,溯江而上。

酷热的高温,混浊的空气,使得原本狭小的船舱空间,被挤压得膨胀起来,人都快要窒息了。

朱光亚口干舌燥,衣服也湿透了,想到甲板上呼吸一下潮湿凉爽的空气,却难有立足之地。大多时候,朱家兄弟三人,只能以阅读书籍打发漫长又难熬的时光。

三天后,客轮终于停靠在了重庆朝天门码头。这次逃难式的长途远行,在朱光亚的心底,打下了深深的烙印,一辈子都难以忘怀。

当时,国民政府已移驻重庆。重庆成为抗日战争时期的国都。这座并不算很大的山城,由于一下子涌入大量党政军机关、各国驻华机构及人员,以及随政府内迁而来的大批工厂、院校、金融部门等,陷入了住房紧缺、物价上涨、民众生活困难的境地。

朱家三兄弟在重庆根本找不到住房,更谈不上继续学业了。后来经朱懋功的朋友介绍,他们来到了位于重庆市西北约百余公里的合川县(今合川区,后同)落下了脚。

合川县城位于嘉陵江、涪江、渠江三江合流处,西魏时起名合州，民国2年改名合川。因地处交通要道，县城比较繁华。

在合川城安置下来后，大哥朱光庭考上了重庆中央大学，朱光鼐、朱光亚进入了合川崇敬中学高中部继续求学。合川崇敬中学从江苏南通搬迁过来，原名南通私立崇敬中学，由社会贤达顾仲敬先生于1917年创建。卢沟桥事变后，顾仲敬将该校迁到了合川县，师生随之同行。

当时，许多沦陷区的学校都迁移到了重庆及其周围地区。

在重庆合川崇敬中学高中部读书时，朱光亚（前排左一）与第五宿舍同学

这些学校除了随行而来的师生外，一般也在当地招收部分流亡而来的学生。朱光亚所在的班，就是崇敬中学专门为流亡学生设立的。

崇敬中学的校舍设在合川城北一所废弃的破庙里。这座庙宇因供奉"东岳大帝"，合川人称它为"东岳庙"。庙里的僧房，简单整修一下成了教室；简陋的殿堂，用稻草铺就一排排大地铺，成了老师和学生们睡觉的地方。

校舍虽然不正规，并且简陋破旧，但学校的教学和生活充满活力。老师认真备课，学生认真学习。课余时间，老师带着学生们唱抗日歌曲，排演抗日剧，举行时事讲座。前线的抗日战况，是师生们最为关注和议论不休的话题。

在这样一所流亡学校里，朱光亚学到的不仅是科学知识，还有人生成长中更重要的内容——爱国主义。国家，在少年朱光亚心中的分量越来越重。他和同学们更关心的是国家大事，懂得了什么叫"亡国之痛"，什么叫"国耻"。

学校有个名叫何谈易的训育主任，公开鼓吹汉奸言论，说汪精卫是中华民国的"开国元勋"，他投靠日本人完全是"为了日中亲善""为了大东亚共荣"，因为"中国军队根本不是大日本皇军的对手"，"用不着去与日本人斗"。

他的汉奸言论激起了公愤。爱国师生纷纷予以驳斥，激愤的学生把他围了起来，高喊着抗日口号，让他不得不低下了头。这些学生当中就有朱光亚。在崇敬中学爱国师生的带动下，合川县开展起轰轰烈烈的反汉奸运动，大家口诛笔伐，揭露何谈易之流的汉奸嘴脸。最后,何谈易只得灰溜溜地离开了合川。

朱光亚在崇敬中学上了一年后,转眼到了1939年暑期。这时,学校在教育部门的干预下,突然将朱光亚所在的这个班级解散了。原因是这个班的学生,许多人无初中文凭,学籍有问题。无奈之下,朱光亚和二哥朱光鼐又转学到江北县(今渝北区,后同)新建的清华中学继续读书。

江北县清华中学创建于1938年,因学校筹办者和主要任课教师均系清华大学校友,经清华大学校政当局和清华校友总会同意,学校命名为重庆清华中学,首任校长傅任敢先生亦为清华大学校长梅贻琦先生委派。

江北县位于长江和嘉陵江北岸。与合川县城相比,这里离重庆市更近了。

朱光亚与大哥朱光庭(右)、二哥朱光鼐(左)在重庆读书期间

朱光亚在江北县清华中学待的时间不长，大约半年后，即1940年春，朱光鼐、朱光亚再次转学，来到了重庆市沙坪坝上学。

朱光鼐在沙坪坝的重庆中学上学，朱光亚在沙坪坝的南开中学上学。而大哥朱光庭所在的重庆中央大学也正好在沙坪坝。这样，朱光亚三兄弟历尽磨难，又相聚到了一起。

苦难，对青年人的成长是一种磨砺。在流亡求学的日子里，朱光亚渐渐地成熟、长大了。而即将进入的南开中学，又向他开启了更重要的人生成长之门。

## 不一样的南开

重庆南开中学由中国著名教育家、天津南开大学创始人张伯苓先生于1936年创建。

学校占地800余亩，由张伯苓亲自主持设计，不仅注重建筑的使用功能，而且重视环境的美育功能。整座学校秀美而不失大气，庄肃而不失灵慧。

学生走进校门，迎面就是一面穿衣镜，镜旁刻有容止格言：面必净、发必理、衣必整、钮必结。头容正、肩容平、胸容宽、背容直。气象：勿傲、勿暴、勿怠。颜色：宜和、宜静、宜庄。

学生言行举止，按此要求养成。学校还规定，学生穿统一校服，男生光头，女生短发齐耳。宿舍必须保持整洁，床上棉被要叠得像豆腐块一样，方方正正。

南开校训"允公允能,日新月异",自然也就成为重庆南开中学的校训。张伯苓对此解释道:

允公是大公,而不是小公,小公只不过是本位主义而已,算不得什么公了。唯其允公,才能高瞻远瞩,正己教人,发扬集体的爱国思想,消灭自私的本位主义。

允能者,是要做到最能,要建设现代化国家,要有现代化的科学才能,而南开学校的教育目的,就在于培养有现代化才能的学生,不仅要求具备现代化的理论才能,而且要具有实际工作的能力。

重庆南开中学老校门

> 所谓日新月异,不但每个人要能接受新事物,而且要成为新事物的创造者;不但要能赶上新时代,而且要能走在时代的前列。

能够进入这样一所不同凡响的学校学习,是朱光亚一生的幸运。青年,是人生成长中的重要时期。朱光亚在这里受到先进教育理念的熏陶,德智体得到了全面发展。

朱光亚后来不止一次说,在南开中学受到的教育,对他的人生观的确立有着重要影响,终身受益。

在南开中学的日子里,朱光亚还经历了战争炮火的锤炼,进一步懂得了"国家兴亡,匹夫有责"的道理。

抗战时期的重庆,虽然是大后方,但日军飞机经常对重庆实施轰炸,甚至肆无忌惮地对学校、医院、民舍投下罪恶的炸弹。1940年8月22日,也就是朱光亚进入重庆南开中学的这一年,日军飞机居然对南开中学实施了定点轰炸。有目击者当时撰文写道:

> 8月22日空袭,校园落弹。爆炸产生的地波好似穿过胸膛,身体也被震了起来。从投弹的方位判断,日机是专程对着南开来的,企图将南开东西两行建筑群落全部夷平。但炸弹落点平移了几十米,落在了中轴线(操场)上和校区外的农田里。只有一枚炸弹炸毁了饭厅一个角落,炸死一名未去防空洞的厨工。1941年暑期,日机再次来袭,校

舍受损，为修复而延期开学半个月。

重庆多雾，日军飞机只能在天晴时来袭。每次来袭，全城拉响警报，大家纷纷躲藏。

为了应对日军轰炸，南开中学想了个应对之策，晨光未露上课，雾散天晴离开教室，警报一响，师生们披着自制的"防空网"，纷纷疏散到田野里。大家把它称之为"跑学"。后来学校挖掘了能藏半身的掩体，再后来又建造了防空洞，"跑学"有了更好的安全保障。朱光亚晚年时，有一次接受中央电视台采访，专门讲述了这段"跑学"经历。

南开中学非常重视学生的社会责任感教育。张伯苓经常对学生说："人哪，一定不要灰心，你应该自己站起来说，中国的事就是我的事，我应该负责中国的事。大家不要你赖我、我赖你，自己要负些责任，国家的事情我有份责任，你不要指责这个指责那个，你指责你自己，你尽责任了没有？大家都说中国有我，中国就有办法了。"

因此，南开中学的学生，虽然青春年少，但非常关心时局，以救国为己任，满怀报国激情。朱光亚身处其中，是一位积极的参与者。据当年的同学回忆，在学校组织的各种演讲比赛时，朱光亚多次登上讲台演说，慷慨陈词，受到好评。

南开中学还有着浓厚的文体氛围。学校明确规定，每天下午三点半后，学生必须离开教室，参加文体活动。

朱光亚喜欢艺术，特别是音乐。他参加了学校歌咏队，并和邹承鲁及其他两位男生组成的男声四重唱，在南开中学小有名气。他还喜欢打篮球，朱光亚曾在一篇文章中回忆道："那时，我常和高个子同学打篮球。"

虽说是课余文体活动，但学校也有明确要求，同学之间进行的文体比赛，必须坚持公平竞争。有一次学校进行垒球比赛，有两支球队暗中相约打成平局，结果被体育老师发现，参与者受到校规处置。张伯苓说："运动员的品格比运动的胜利更要紧，正当的失败比不正当的胜利更有价值。"

教育的魅力和力量，在南开中学得到了充分体现。德智体三育并进、全面发展，为这一代莘莘学子的人生成长，打下了坚实的基础。

## 确立人生理想

在重庆南开中学期间，朱光亚喜欢上了物理学，并成为他终身追求的理想。引领他走上这条道路的是该校物理老师魏荣爵。魏荣爵生于1916年，比朱光亚年长8岁，是南开中学颇有才华的青年教师。

魏荣爵特别爱才。该校有位学生，名叫谢邦敏，性格放荡不羁。此生文学才华出众，数理化不佳。毕业考试时，物理试题交了白卷，并即兴在卷上填了一首词："晓号悠扬枕上闻，余魂迷入考场门。平时放荡几折齿，几度迷茫欲断魂。题未算，意已昏，下周再把电磁温。今朝纵是交白卷，柳者原非理组人。"见此白卷，魏荣爵也即兴批了几句话："卷虽白卷，词却好词。人各有志，给分六十。"

按当时南开校规，主课如有一门不及格，补考仍不及格，不能毕业，只能作为肄业。魏荣爵给了这位交白卷的学生六十分，使这位学子得以顺利毕业。护才之心，可见一斑。这件事在南开传为佳话。后来，谢邦敏考上了当时最著名的西南联大，成为法律专业的高才生。

朱光亚聪慧好学，自然更得魏荣爵喜爱。他告诉朱光亚，学好物理，将来必定会有大用场。果不其然，朱光亚不仅与物理学结下了一生的不解之缘，后来还为新中国的国防现代化建设做出了重大贡献。

朱光亚说，在汉口圣保罗中学时，他最喜欢的是数学和外语，而在重庆南开中学时，他最喜欢的是物理，这与魏荣爵先生的精心指导有关。

那时，朱光亚的学生宿舍与魏荣爵的寝室在同一栋楼里。晚上或休息日，朱光亚常到魏荣爵的住处请教，既谈物理，也谈人生。魏荣爵也常去朱光亚的宿舍串门，可见他对朱光亚非常欣赏。特别是朱光亚完成的物理作业，他更是赞不绝口。有一次，他对前来采访的记者说："朱光亚是个极为认真刻苦的学生，物理作业书写规范、非常整洁。可把他的作业交给书店作为物理课本使用。"

在南开中学即将毕业的时候，朱光亚加入了一个名叫"真善美社"的学生团体。这个小团体成员不多，大多是朱光亚的同班同学。团体成员有个共同特点，都是学习成绩好又愿意在物理学科方向发展的学生，可谓志同道合。

说是学生团体，其实也就是一群风华正茂、意气风发的青年学子，相聚在一起，交流学习心得，畅谈理想，加强彼此友谊而已。这个团体既没有政治纲领，也没有组织章程，但就起的名称"真善美社"看，却是反映了他们对人生、对社会的美好向往。这些人在物理学方面，后来都有不错的发展。新中国成立后，他们中间有4人（包括朱光亚）成为中国科学院院士。

1941年6月，朱光亚以优异成绩在重庆南开中学高中部毕业。这年，他17岁。

在面临报考什么样的大学专业时，朱光亚与父亲的意见发生了分歧。父亲希望他报考工科专业，认为工科学生毕业后有出路，也容易找到工作。而朱光亚因钟爱物理学，想报考物理学专业，以获得进一步的深造。

朱光亚说："当时，许多同学都报考工科，父亲也希望我学工，出路好。我则已对物理有了一定的兴趣，但是没得到父亲和母亲的同意。"朱光亚还说，在那个时代，物理专业是一个冷门学科，愿意学的人并不多。他的选择，在当时许多人眼里，似乎有些"不合时宜"。

但朱光亚坚持自己的选择。从小在父母眼里很听话的朱光亚，第一次不听话了。就在争执不下的时候，战乱中的重庆，流行起传染病，朱光亚患上了疟疾，无法参加高考。选择什么专业这件事情，也因此被搁置了下来。

就在新学年即将开始的时候，由于部分高等院校生源不足，又在重庆等地进行高考补招考试，这给了朱光亚一次难得的机会。朱光亚不顾父亲的反对，同时报考了国立中央大学、交通大学物理专业，结果被两所大学同时录取，并以最高分荣登交通大学考生榜首。

国立中央大学即现在的南京大学，始建于1902年。1937年10月，因抗日战争全面爆发，中大由南京迁至重庆。交通大学也是一所名牌大学，由上海内迁至重庆。

朱光亚（左）考入重庆国立中央大学时，与大哥朱光庭（中）、二哥朱光霱

朱光亚最后选择了重庆中央大学。这个选择应该与他的长兄朱光庭有关。朱光庭年长朱光亚7岁，从小就是一个品学兼优的好学生，被朱光亚视为榜样。当时，朱光庭是中大历史系三年级学生。能够与长兄同校，朱光亚很是高兴。另外，中大物理系创建于1920年，在全国高校中师资力量比较强，这也是吸引朱光亚的地方。

在中大，朱光亚遇到了又一位名师——物理学教授赵广增。赵广增1930年毕业于北京大学物理系，1936年赴美国密歇根大学留学，先后获硕士、博士学位。1940年归国后被中大聘为教授，讲授大学一年级普通物理学。

普通物理学包括力学、热学、电磁学、光学、原子物理学等内容，随着科学的发展，相对论、量子力学以及物理学的前沿课题也渐渐融进了普通物理学。赵广增在讲授这门课时，既把大学物理的基本理论、基本知识讲得深入浅出，又结合物理学前沿课题进行课外辅导，引领朱光亚走进了一个丰富多彩的物理学世界。

对这段经历，朱光亚曾充满感情地说："用现在的眼光看，我在大学一年级所受的物理教育更多的是科普教育，但赵教授的讲课深入浅出，枯燥的物理学被他描绘得五颜六色，它深深打动了我，成为我的志向。"

# 第二章

# 大学风云

## 就读西南联大

1942年7月，已在重庆中央大学物理系就读了一年的朱光亚，又一次做出选择——报考西南联大。

西南联大，全称国立西南联合大学，是抗战时期国内最著名的学府。它由国内三所顶尖的大学——北京大学、清华大学、南开大学组成。

1937年7月，卢沟桥事变发生后，北京、天津面临沦陷境地。为保存中华民族文化国脉，南京政府迅即决定，将北京大学、清华大学、南开大学撤出平津，南下湖南长沙，组建临时联合大学。之后，三校师生辗转跋涉，带着教学仪器和资料，闯过日军层层封锁线，于同年10月到达长沙。

组建后的长沙临时联合大学，共设文、理、工、法商4个学院17个系，这在当时是全国大学中所设院系最多的高校。联合大学以收纳北大、清华、南开三校学生为主，同时面向全国招收（含沦陷区）新生。

11月1日，长沙临时联大正式开课。但就在开课的第一天，长沙城响起了空袭警报，日军战机来袭。虽然这次来袭的日机没有投弹，大家心里已是阴影笼罩。11月24日，日军战机再次来袭，并进行了大轰炸。长沙城内大火燃烧，民众伤亡惨重。1937年12月，日军沿长江南下，逼近湖南，长沙告急。

临时大学校务委员会经研究并报请国民政府批准再次迁移。这次的目的地，选择了云南省昆明市。一则因昆明地处西南，离前线较远；再则滇越铁路可通海外，采购图书、设备比较方便。

1938年2月19日，临时联合大学召开出征誓师大会，全校师生分三条路线迁移。这次迁移，历尽艰辛，在中国近代史上，是一次具有特殊意义的"文化长征"。

1938年4月，全校师生会师昆明。国民政府教育部以命令转知该校："奉行政院命令，并经国防最高会议通过，国立长沙临时联合大学更名为国立西南联合大学。"西南联大由此诞生，并成为全国青年学子梦寐以求的理想学府。

朱光亚读高中时，就向往能进入这所全国第一流的大学学习。但由于高考时因病耽误，补招时又没有西南联大，朱光亚的这个愿望没有实现。

1942年7月,西南联大在昆明、重庆两地招收二、三年级转校学生。这真是喜从天降!尽管在中大已就学一年,又能和两位兄长相聚一起,朱光亚闻讯后,还是毫不犹豫地去报考,并以优异的成绩被西南联大物理学系录取。

这次选择,在朱光亚人生中,具有非常重要的意义。

1942年8月下旬,满怀着美好憧憬,朱光亚离开重庆,独自奔赴昆明,去西南联大报到。

这是一次艰辛的旅程。重庆至昆明将近千余里,两地之间当时没有铁路,公路交通也极为不便,又是抗战时期,兵荒马乱。18岁的朱光亚,风餐露宿,饱受困苦。有时乘不上汽车就

在国立西南联合大学读书时的朱光亚

得步行。这对一个大一学生来说,不仅磨炼了意志,而且近距离地感受到了社会底层的生活。

经过长途跋涉,朱光亚终于踏进了西南联大校门。校门为两扇木质大门,门楣上方镌有"国立西南联合大学"字样的横额。进大门是一条南北向的土路。路两侧分别是教学区和宿舍区,房子都是茅草屋、土坯墙。校门外横亘着一条铁路,越过铁路是丘陵起伏的荒郊。

这就是闻名全国的西南联大吗?朱光亚有些恍惚。西南联大迁至昆明初期,学院分散各处。1938年7月,才在当地政府的支持下,购得124.45亩荒地,建起了新校舍。

承担新校舍设计的是当时中国最著名的建筑设计师梁思成、林徽因夫妇。夫妇二人为新校舍的设计颇费了一番功夫。

李洪波所著《精神的雕像——西南联大纪实》一书中,记载了这样一段故事:

> 梁、林夫妇两人呕心沥血一个月,设计出了一个现代化大学的方案。然而,由于学校拿不出这么多钱,方案被否定了。两个月后,夫妇两人把方案改了一稿又一稿,但建设长黄钰生还是无奈地说,经校委会研究,除了图书馆的屋顶可以使用青瓦,部分教室和校长办公室可以使用铁皮屋顶之外,其他建筑一律覆盖茅草,土坯墙改为用黏土打垒,砖头和木料的使用再削减1/2。梁思成忍无可忍,冲进梅贻琦的办公室,说:"我已经修改到第五稿了,从高

楼到矮楼,从矮楼到平房,现在又要我去盖茅草房。茅草房就茅草房吧,你们知不知道农民盖一栋茅草房要多少木料?而你给的木料连盖一栋标准的茅草房都不够!"梅贻琦叹了口气说:"正因为如此,才需要土木工程系的老师们对木材的用量严格计算啊。你想想,没有这些茅草房,学生就要在露天上课,风吹,日晒,雨淋。大家都在共赴国难,以你的大度,请再最后谅解我们一次。等抗战胜利回到北平,我一定请你建一个世界一流的清华园,算是我还给你的谢意,行吗?"

最后,在梁思成、林徽因夫妇的精心设计下,西南联大校舍虽然是茅草屋、土坯墙,却处处透露出大气美观,简朴实用。

国立西南联合大学新校舍远眺图

西南联大校舍的简陋，虽然让朱光亚感到有些意外，但进入西南联大以后，朱光亚很快就被其深厚的名校底蕴和魅力深深吸引……

## 清贫中的富有

在西南联大，朱光亚开始了新的学习生活。这是一种物质上异常清贫，精神上充满活力的生活。

抗战时期，昆明的物价居高不下。据当时报载，1943年下半年，昆明物价已达到抗战初期的404倍。

物价如此之高，生活自然艰难，即使教授们都难以承受。西南联大校务委员会主持人、清华大学校长梅贻琦的夫人韩咏华在一篇文章中这样写道："我们和潘光旦先生两家一起在办事处包饭，经常吃的是白饭拌辣椒，没有青菜，有时吃菠菜豆腐汤，大家就很高兴了。教授们的月薪，在1938年、1939年还能够维持三个星期的生活，到后来就只够半个月了。不足之处，只好由夫人们去想办法。"

韩咏华想到的办法，就是铺上一块油布摆起了地摊。她把子女长大后不穿的衣服、自己的衣服以及用毛线头编织的一些饰物、用物拿出来卖。为了贴补家用，许多教师也纷纷摆起地摊，把从平津仓促逃离时带出的书籍、衣物等廉价出售。不久，教师们已无东西可卖。生物系教授沈嘉瑞撰文说："现在只剩下几个空箱子可卖了！"

拿着薪俸的教师们生活尚如此不易，学生们的生活自然也是很清苦、很艰难了。朱光亚在一篇回忆文章里这样写道：

> 西南联大聚集了一批又一批高质量的学生。当时全国实行统一招生，凡有志者均能报考西南联大；还有转学、借读的制度，不少其他大学的学生也慕名而来通过转学考试或借读进入西南联大。这几千名学生，少数为当地人，大多数来自全国各地。当时国破家亡，许多学生来自沦陷区和战区，经济来源困难或断绝，只能靠很有限的救济金、贷金度日。不少学生到校外兼差：做家庭教师、当售货员、当译员、做校对等，只要能补贴度日，他们有事就做。

因此，进入西南联大后不久，朱光亚也开始勤工俭学。他回忆说："1942年我转学昆明西南联大，那一年父亲由汉口调重庆东川邮政管理局，父亲、母亲、妹妹和弟弟又经小路越过封锁线到重庆。此后，家庭的经济情况就逐步下降。1942年秋季起，我在昆明除读书外，开始在外兼家庭补习教师，补贴个人生活费用。"

西南联大学生勤工俭学情况，1946年出版的《联大八年》一书中，有这样一段生动记载：

> 联大同学在外面兼差的，据不完全的统计，在二分之一以上。局外的人，大概是不会了解的，而他们自己诚有

难言的苦衷。有的剃头洗衣都成问题，即按月伙食的一点点补贴，也逼得他们走投无路；有的除开自己而外，还得肩负弟妹的生活负担。于是，他们不得不面临现实，以谋解决之道，而兼差就成为他们生活的一部分。在一方面，兼差确实耗费了他们不少的时间和精力，是无可补偿的损失；而另一方面，却可以使他们进一步去体验生活，了解社会，把书本上学来的东西，与实际情形配合，何尝又不是一个莫大的好处？在昆明，他们进入了各个阶层，担任其形形色色的职务。其中最普遍的当然是中学教员同家庭教师。其他像报馆跑外勤的，金店当师爷的，电台播音的，在电影院里作广告员或是翻译说明的，作电灯匠的，作小本经营的，机关里当科长秘书的，作邮务员的，甚至于从前昆明鸣午炮夜炮的，莫不有联大同学。所以有人说，联大走了，昆明或者要起一点变动，因为当鸣炮的同学"退休"以后，昆明的午炮就一直没有准过。

勤工俭学虽然可以贴补生活费用，但生活依然还是很困苦，甚至吃饱肚子都成了问题。朱光亚回忆说：

> 那时，西南联大学生食堂不供应早餐，学生得自己解决。许多同学为了节省一点钱，就常常不吃早餐。午晚两餐吃的是糙米饭，菜通常是老蚕豆、老南瓜、青菜、白菜。菜里大多时候没有油，有时甚至连盐都没有，更难得吃上

一次肉。就餐时，没有凳子，大家围着一张桌子站着吃。由于食堂提供的饭菜有限，吃不饱是常有的事。

清贫的生活，没有磨灭师生们的理想追求，他们的精神世界充满活力。1944年，著名文学家林语堂先生到昆明演讲。当他亲历亲闻了西南联大许多事后，在演讲中由衷地感叹道："联大师生物质上不得了，精神上了不得！"

德国哲学家雅斯贝尔斯说过："大学是一种特殊的学校，学生在大学里不仅要学习知识，更要成为一个完整的人。这既取决于学生自身的不懈努力和对自身的不断超越，更取决于大学历史传统与文化精神的指向。"

朱光亚在一篇纪念西南联大的文章里写道：

> 这个草创的新大学有一个传统，那就是民主与科学的传统。在那强敌深入、风雨如晦的日子里，弦歌不辍确是一回事。但更重要的是精神境界……追求民主与科学确是当时我们的共同认识和信念。
>
> 这种认识和信念就是大家克服种种困难的动力。不少学生还直接投身于抗战第一线，有记载的从军或离校参加抗战工作的学生就有1100多人，其中有的为国捐躯，也有许多人离校几年后再回来复学。

今天的云南师范大学校园内，立有一座"国立西南联合大学纪念碑"。立碑时间是1946年5月4日。

纪念碑的正面，记载着西南联大——这所仅仅只存在8年的大学的历史。纪念碑的背面，镌刻着834个名字。他们是该校抗日战争时期从军的834名学生。据《西南联大建校70周年纪念文集》中提供的数据，西南联大学生实际参军数应在千人以上。

根据国民政府教育部当时的指令，从军的大学生须是应届四年级生且身体合格者。朱光亚那时是三年级学生，不在应征之列，但他和西南联大大多数同学一样，立志报国。不能从军，朱光亚就多次为中国军队的伤员输血，并积极参加学校的抗日救亡运动。而更多的时候，他们以极大的热情，投身于学习之中，以实现报国心愿。

西南联大还有众多的社团、壁报社、读书会，学生可以自由参加。抗战时期，这些学生团体大多充满爱国主义色彩。在各种社团活动中，学生们互相激励爱国斗志，交流思想观点，发挥兴趣特长。朱光亚参加了校合唱团，高唱爱国歌曲，抒发爱国情怀。而在教师中，更是不乏民主人士，接受过五四运动洗礼，坚持追求民主和科学。他们和进步的学生社团一起，成为坚持抗战，反对投降；坚持进步，反对倒退；坚持团结，反对分裂的重要力量。

抗日战争时期，西南联大无疑是中国高校的先驱。在艰苦的环境下，保持着最珍贵的思想和精神；在强敌入侵的战争年代，培育着国家最需要的一流人才。

正如梅贻琦所说:"一个民族,他生存的最根本价值是什么?我们都是教书的,我们的责任,是要去塑造一个民族的灵魂,难道这不比打仗更艰巨吗?"

## 了不得的满分

西南联大虽然组建不久,但却融合了北大、清华、南开三所大学之精华。

当时,中国教育界有"清华严谨,北大自由,南开活泼"之誉。而将三校学风熔为一炉的西南联大,则兼具"清华和南开的严谨教学的精神及北大自由研究的传统"。特别是三校共为一体后,又形成了宽厚容忍、和衷共济的新的校风和精神。虽然教学条件极其艰苦,物质生活极其艰难,但西南联大为战时的中国培养了大批有用之才,成为中国高校的一面旗帜。

朱光亚曾撰文写道:

> 北大、清华、南开原为久负盛名的大学,合组后师资阵容冠于全国,可谓大师云集,群星灿烂。有德高望重、学术造诣很深的中年教授,他们曾是中国新文化运动的参加者和我国现代高等教育、现代科学技术的奠基人。还有一批从国外学成归来的年轻教授,他们活跃在科学前沿,使西南联大的教学内容与当时国际科技的最新发展紧密结

合。老师们的学识、治学方法、学风、敬业精神、道德风范以及艰苦奋斗的作风,时时刻刻使青年学子受到教育与熏陶。

虽然处于抗战时期,但西南联大对学生的教育未有丝毫懈怠,依然坚持十分严格的管理制度。

西南联大实行的是以"学分制"为主体,配以"选修课制"的教学管理机制。本科生学制为四年,总共要修满136个学分。选课制分为必修课和选修课两种。学校明确规定,任何一门课程不及格,不能补考,必须重修。这与当时其他高校不一样。另外,一个学生不及格的学分数达到二分之一就要除名;毕业时没有修满该修的学分不能毕业。据西南联大学生沈克琦回忆,他的一位同班同学,毕业时因学分差了一分,结果毕不了业,又再读了一年。

西南联大还非常重视体育。大学四年都必须上体育课,并且要点名、要考试。如果一个学期体育课有8次缺席就以不及格论处,不及格就要重修。因此,四年八个学期的体育课,一个学期都不能差,差了就毕不了业。这也是为了让学生有一个好的体质,可以报效国家。因此,要从西南联大顺顺利利毕业是不容易的,必须下苦功。

朱光亚的刻苦用功在同学中是出了名的。当时,西南联大的图书馆座位很少,学生们为了能够抢到一个座位,常常在开馆前就去排队。朱光亚是这支队伍中的常客,抢到座位后,一待就是几个小时。到了晚上，由于西南联大教室里没有灯，图书馆就更挤了，有时候没抢到座位，朱光亚就在宿舍里看书。宿舍光线很暗，一盏小灯泡，伴随着朱光亚度过了无数夜晚。许多学生为了看书，只好到学校附近的茶馆里，买上一杯清茶或白开水，占上一个位子，看书做题。

著名作家汪曾祺当年也是西南联大学生，他曾写过一篇散文《泡茶馆——昆明记忆之一》。文中写道：

> 联大学生上茶馆，并不只是穷泡，除了瞎聊，大部分时间都是用来读书的。联大的图书馆座位不多，宿舍里没有桌凳，看书多半在茶馆里。联大同学上茶馆很少不挟着一本乃至几本书的。不少人的论文、读书报告，都是在茶馆写的。

当时，西南联大附近的凤翥街、文林街、青云街、龙翔街、钱局街开了不少茶馆，成了学生经常去的地方，有些茶馆则是专门为招徕联大学生而开的新式茶馆。偶尔，朱光亚也会去泡茶馆看书做文。他在一篇回忆文章里写道："西南联大在昆明条件很差，学生宿舍、教室很简陋，图书馆照明也不好。当地茶馆晚上有汽灯，而联大校舍中没有，很多学生便在茶馆买一杯茶，这样可以占一位子坐一个晚上，甚至一整天。"

学校放寒暑假时，学生回家的多了，去图书馆的就相对少

国立西南联合大学图书馆大阅览室

了。朱光亚就利用寒暑假,白天晚上"泡"在图书馆,专心致志,发奋读书。在西南联大的几年间,朱光亚只在1944年的暑假,回重庆看望过一次父母,其他时间都用在了读书上。

西南联大的教师对学生的要求非常严格。中国科学院院士王希季当年是西南联大机械工程学系学生。他回忆说:

> 有一次,教机械学的刘仙洲教授出了一道题考试,并在题目的后面要求将得数准确到小数点后三位数。那个时候既没有计算器,更没有计算机,所用最高档的工具就是计算尺。而计算尺是靠数格子得出数据的,根本就不可能准确到小数点后三位数。我当时对得数准确到小数点后三位数也并不十分介意,在做这个题目时什么都做对了,小数点后的前两位数也都算对了,就是没有将得数准确地

算到小数点后的第三位数,结果刘先生给这道题判了个零分。

由于教学和考试都很严格,西南联大学生考试能得80分以上者,就是佼佼者了。

朱光亚是这些"幸运儿"中的翘楚。有一次,朱物华教授的无线电学进行年考。朱教授以严格著称,出的题也比较难,不少同学都担心这次考试能否及格。结果考试成绩公布后,竟然有一份考卷得到了满分:100分,一时全系哗然。据说,在西南联大成立后,物理学系的无线电学考试还从未有过满分。

当时,西南联大公布各科考试分数时,不公布考生的名字,只公布考生的注册学号。朱光亚的注册学号常常在各科考试中排名在前,已被大家所熟悉,但大家并没有把这个学号与朱光亚联系在一起。这次,这个学号居然得了满分,引起了一些师生的好奇,开始打听起这个学号的主人是谁?朱光亚由此被大家刮目相看,更受到了老师们的青睐。

西南联大的物理学系教授都是从国外留学回来的,他们把最新的知识带回了中国,使西南联大的物理学教学接近了世界物理学的前沿。

杨振宁曾经说过,他从西南联大教授那里"学到的物理已能达到当时世界水平。比如说,我那时念的场论比后来我在芝加哥大学念的场论要高深,而当时美国最好的物理系就在芝加哥大学"。

1945年7月,朱光亚以优异的成绩,从西南联大物理学系毕业。

## 投身民主运动

大学毕业后的朱光亚,因品学兼优,被留校聘任为物理学系半时助教。这年,他才21岁,是西南联大最年轻的教师。

半时助教,也就是见习助教。工作时间和工作量是助教的一半。

据西南联大1946年教职员名单登记册记录,1945年物理学系应届毕业生留校任教师的就朱光亚一人。能够成为西南联大

朱光亚(前排左二)与国立西南联合大学的同事

的教师，是西南联大学生的殊荣。

就在朱光亚成为西南联大教师后不久，即1945年8月6日，美国在日本广岛投下了一颗原子弹。这是原子武器第一次在战争中使用。

当时，有一家广播电台播发了一篇由美国科学家菲利普·莫里森撰写的目击原子弹爆炸的新闻稿：

> 我们最终在广岛上空低空盘旋并且不愿相信地注视着，曾经的一座城市被夷为平地，遍地是烧焦的红色……但是，在一个长夜里，并不是数百架飞机光临这座城市。一架轰炸机和一颗炸弹只是在打出一颗步枪子弹的时间内穿过了城市，就把一座拥有三十万人口的城市变成了一个燃烧的火葬场。

原子弹的巨大威力震惊了世界。对大多数人来说，他们怎么也想不明白，一颗炸弹居然可以毁灭一座城市。而对具有物理学专业知识的朱光亚来说，从中感受到了科学技术的巨大能量。他在文章中写道："当时，原子弹的威力在我脑子里留下了很深的印象。"

两天后，即1945年8月8日，苏联对日宣战。8月9日，苏联150多万军队越过中苏、中蒙边境，向日本关东军发动猛烈攻击。

美国投下的原子弹和苏联出兵中国东北，如摧枯拉朽般将日本推到了灭亡的边缘。

1945年8月15日，日本天皇裕仁宣布无条件投降。9月2日，在华日军128万人向中国军队投降。至此，中国的抗日战争胜利结束，第二次世界大战也随之胜利结束。

正当全国人民欢庆胜利的时候，蒋介石及其政府又开始图谋消灭中国共产党及其军队，战争的阴影又笼罩在了中国人民头上。

西南联大被称为中国高校的"民主堡垒"。面对蒋介石反动政府的倒行逆施，师生们愤而抵制。校学生自治会率先举办了一场时事演讲会，邀请西南联大四位教授针对当前局势发表演讲。其中，经济学系教授周新民作了题为《日本投降的影响》的演讲、政治学系教授王赣愚作了题为《新局势下的内政外交》的演讲、历史学系教授吴晗作了题为《如何制止内战》的演讲、政治学系教授罗隆基作了题为《如何走向民主团结的道路》的演讲。朱光亚激动地听着教授们的演讲，认真地思索着中国的未来……

在西南联大期间，朱光亚结识了两位友人王刚和许寿强。这两人当时是中共地下党员。朱光亚曾回忆说："相识王刚、许寿强等同志后，逐渐地有了更多的接触，虽然解放以后才知道他们是党员，但当时受他们的影响和教育，对反动政权渐渐地有了认识。不过，一直到大学毕业，我的单纯技术观念还是很浓厚的，一心想成为一名科学家。"

从中学起，朱光亚就立志成为一名科学家。进入大学后，这个想法更加明确和强烈了。其实，当时大多数学生都抱有相同的想法。但在面临中国向何处去这个大是大非问题上，他们政治倾向鲜明，毫不犹豫地表达自己的意见并付诸行动。这期间，朱光亚在图书馆除了看专业方面的书籍外，还常常阅读各种报刊上的时事新闻和评论，并积极参加学校进步社团组织的时事演讲会、歌咏会等活动。

据西南联大史料记载，歌咏队成立于1945年3月10日，它的前身是男生合唱小组，后来发展到有100多人的歌咏队。他们每周二、五晚上练习，既唱洋溢着革命豪情的抗战救亡歌曲，也唱艺术性强的抒情歌曲，还培养了一支歌曲创作队伍，在爱国民主运动中发挥了音乐的战斗作用。

校学生自治会和各文艺社团联合组织了反对内战、争取民主的活动，举办朗诵会、歌咏会、座谈会、集会游行等。朱光亚是校歌咏队成员，在多种场合的活动中，他们激情演唱了《黄河大合唱》《民主青年进行曲》等抗日爱国歌曲。

# 第三章

# 特殊使命

## 与原子弹结缘

1946年2月,朱光亚被西南联大物理学系任命为全时助教,结束了见习期。

然而,正当他准备专心致志走上大学讲台的时候,一项特殊使命降临到了头上——他被物理学系吴大猷教授选中,作为吴教授的助手去美国学习原子弹研制技术。

事情要追溯到1945年岁末。时任国民政府军政部次长的俞大维,在重庆中美联合参谋部看到了一份关于美国原子弹研制过程的秘密文件。

俞大维是一位专家型官员,美国哈佛大学哲学博士,后又在德国学习军事科学，在弹道学上颇有造诣，1933年任国民政府兵工署署长，陆军中将衔。

俞大维与时为中国战区参谋长兼驻华美军最高指挥官魏德迈中将私交甚笃。有一天两人在交谈时，谈到了原子弹研制这个话题。魏德迈问俞大维："你们要不要派人到美国学习制造原子弹？"俞大维立即将此情况报告给蒋介石。蒋介石喜出望外，即命陈诚（国民政府军政部部长）、俞大维筹划中国"原子弹计划"。派谁去美国学习原子弹的制造技术呢？俞大维想到了西南联大的三位教授：吴大猷、华罗庚、曾昭抡。

吴大猷是著名物理学家，早年毕业于天津南开大学，1931年赴美国密歇根大学留学，获博士学位。1934年回国后在北京大学任教。吴大猷在原子能技术方面取得过多项科学研究成果，被誉为中国物理学之父。

华罗庚是一位靠顽强自学成名的数学家。20岁时，他的一篇研究论文轰动了数学界。1930年，清华大学数学系主任熊庆来慧眼识珠，破例聘任没有高中、大学学历的华罗庚为数学系助教。1936年赴英国剑桥大学留学，研究成果引起国际数学界注意。1938年回国后在清华大学继续任教。

曾昭抡是著名化学家，1920年毕业于清华学堂，后赴美国麻省理工学院攻读化学工程与化学，获博士学位。回国后在中央大学、北京大学任教。

不久，吴大猷、华罗庚、曾昭抡三人应陈诚和俞大维之邀来到重庆。经过一番商谈，初步拟订了一份去美国学习原子弹制造技术的计划，并确定由他们三人各自再挑选两名工作助手，一同去美国学习、考察。

华罗庚挑选了孙本旺、徐贤修。两人均为西南联大算学系（数学系）讲师，孙本旺32岁，徐贤修35岁。曾昭抡挑选了唐敖庆、王瑞駪。唐敖庆32岁，西南联大化学系助教。王瑞駪史料不详。吴大猷挑选的是朱光亚和李政道。李政道当时是西南联大物理学系二年级学生。李政道聪慧过人，中学未毕业，就以同等学力考入浙江大学物理系，后因日军入侵，浙江大学被迫停学，于1945年转学西南联大，师从吴大猷。

那朱光亚又是为何被吴大猷挑选上的呢？

朱光亚是这样说的："我与吴大猷老师最初交往并不多，只

1992年5月，朱光亚在北京与阔别40多年的恩师、著名物理学家吴大猷重逢

在四年级时选过吴教授一门课，那时学生和教师除上课见面外，平时很少见面，但他却选上了我。我想，这除了我的成绩较好之外，更主要也许是他看见我平时很老实，比较适宜。"

朱光亚说得不错。吴大猷最欣赏朱光亚的就是慧根和人品。在吴大猷眼里，朱光亚虽然很年轻，但聪慧好学、极有天赋，是做科学研究的好苗子。而朴实淳厚的人品，对做学问的人来说，又是极为难得的。

某电视台导演曾为拍摄西南联大历史专题片采访过朱光亚。在导演撰写的采访笔记里，记录了这样一件事：

> 在一个周末的早晨，凭着西南联大校友会的联络，我们幸运地得到朱光亚的邀请，到他的住所去采访他。
>
> 当朱光亚先生深情地怀念其导师时，我才知道，外界所称的"中国物理学之父"吴大猷，一般介绍他的学生只说了杨振宁、李政道，而朱光亚亦是他的弟子，而且是最亲近的弟子。这可能和朱光亚长期从事的国防科研工作的保密性质有关，也更和海峡两岸的长期阻隔有关。
>
> "那时候，吴大猷先生的夫人病得很重。他一面照顾夫人，一面给我们讲课。我常到他家里去听课，还背着师母去医院看病。"
>
> 已是鹤发童颜的朱光亚说着，眼神里仿佛又回到了青春年少的学子时光。"您背着她吗？"我说。
>
> "是的。师母要去医院都是我背着。那时候，哪有什么

'的士'啊,抗战时期,连黄包车也很少。再说,我们住在昆明郊区,叫黄包车也很难。"

"那时候的师生,就像一家人。我也常在吴大猷老师家吃饭。我是穷学生。吴先生知道。"朱光亚接着说。

但朱光亚不知道的是,吴大猷在挑选他当助手时也曾犹豫过,那就是朱光亚的政治倾向,担心他如果是中共党员的话,一旦被国民党当局知道了,后果不堪设想。为此,吴大猷还旁敲侧击地询问过朱光亚。

但吴大猷最后还是挑选了朱光亚。其缘由,是吴大猷和西南联大的许多教师一样,在内心里是反对国民党、支持共产党的。朱光亚的亲共倾向,吴大猷是可以接受的。

其实,朱光亚对是否去美国学习原子弹技术也曾犹豫过。他在一篇自述中这样写道:"那时,正当'一二·一'运动之后,我对反动政府的腐败有了一定的认识,但内心想当科学家,去还是不去,比较矛盾。"

顾小英、朱明远所著《我们的父亲朱光亚》一书中提到:

> 面对此次被选拔赴美,父亲从一开始并不是很情愿的。……由于认识了王刚(中共地下党员——作者注),接受了一些进步思想,加之那时西南联大校园里爱国民主运动正在蓬勃开展,又受到了抗日战争的影响,所以当父亲得知是国民党政府选派他去美国时,他并不准备去。后来

在征求了中共地下党组织的意见后，父亲又于临行前，先经南京，专程去见了已在国民政府外交部当外交官的大哥朱光庭，也就是我们的大伯父。大伯父鼓励他：不要考虑那么多，机会难得，各取所需，反正是先学技术嘛。

就这样，21岁的朱光亚决定追随吴大猷去美国学习原子弹技术。赴美前，为了增加朱光亚和李政道对原子物理和原子核物理的了解，吴大猷特意为他俩开了量子力学课。在学习中，朱光亚与李政道互相切磋、互相帮助，建立了深厚友谊，并在后来的岁月里一直延续了下来。

在这期间，吴大猷还交给朱光亚和李政道一项任务，翻译一份关于美国原子弹研究的报告书。这份报告就是俞大维在重庆中美联合参谋部看到的那份秘密文件。

这份秘密文件题为 *Smyth Report*，翻译成中文就是《史迈斯报告》。报告的全名是《原子能的军事用途：美国政府发展原子弹之官方报告》。

在这份报告里，轮廓性地公布了洛斯阿拉莫斯国家实验室研发原子弹的过程及制造原子弹的物理与化学程序，但并未涉及细部的研制过程。美国政府只是想以此昭告天下，他们是靠科技力量打败日本的。

据说，朱光亚、李政道翻译出来的《史迈斯报告》，由俞大维呈送给了蒋介石。为此，国民政府悄悄成立了原子能委员会，作为国防部下属的国防科技研究单位。但这时，蒋介石最关注的还是独裁统治，一心想的是如何消灭共产党及其军事力量，对学习原子弹技术并未放在重要位置。

朱光亚回忆说：

> 1946年初，我即辞去天祥中学的兼职，回到联大任全时助教，并随华罗庚、吴大猷补习功课。除学习外，我们曾为军政部翻译美国政府送来的关于原子弹研究的Smyth报告书，这个报告1946年底在美国公开发表。5月，我回到家中休息，本以为很快就要出国，但当时国民政府忙于复员、布置内战，军政部改为国防部，俞大维调离开，这件事就搁置了下来。

1946年8月6日，国民政府教育部政务次长顾毓琇在美国访问时，拜访了加州大学原子研究所所长欧内斯特·奥兰多·劳伦斯。顾毓琇是清华大学工学院的创始人之一，早年在美国麻省理工学院留学，先后获该院学士、硕士、博士三个学位。欧内斯特·奥兰多·劳伦斯是美国著名的物理学家，也是世界上第一台回旋加速器的发明者。加速器是研制核武器的重要设备。他领导的辐射实验室和奥本海默领导的洛斯阿拉莫斯实验室，是美国研制原子弹两个至关重要的实验室。

劳伦斯向顾毓琇表示，他愿意帮助中国建造加速器。顾毓琇立即向蒋介石写信，在告知这个重要信息后，他对蒋介石建议道："高瞻远瞩，赐准制造原子试验器，为国家民族树科学救国、国防救国的第一百年之基。"

蒋介石最终同意了俞大维和顾毓琇两人先后提出的建议，并批了50万美元作为研制原子弹的经费。

8月中旬，吴大猷、华罗庚、曾昭抡及各自选定的助手来到南京，办理出国等事宜。

朱光亚回忆说：

> 开始签发的护照是一般护照，是用于到预先接洽好的美国有关大学学习的，但美方没有给予入境签证，于是又进行更换护照，最后取得国防部官员名义的护照，在南京大使馆取到签证。临行前，领得两年全部生活费用及来回旅费，而且，这两年期中，学校薪金由兵工署发给家中，作为安家费用（称作是向学校借用人员的性质）。

1946年9月初，华罗庚率朱光亚、李政道、唐敖庆、孙本旺、王瑞酰5人，在上海吴淞口码头搭乘美国"美格将军"号远洋军舰，前往美国旧金山。

曾昭抡作为打前站人员，已提前去了美国。吴大猷因为要出席英国皇家学会举办的庆祝牛顿诞辰300周年大会，则先去英国，然后再转往美国。华罗庚推荐的助手徐贤修当时已在美国进修。

汽笛长鸣，"美格将军"号缓缓地驶离上海。站在船舷旁，朱光亚默默凝视着远方，思绪万千。这一去，等待他的将会是什么呢？

## 攻读核物理学

经过20多天的海上航行,"美格将军"号于9月末驶抵美国旧金山。

旧金山位于太平洋与圣弗朗西斯科湾之间的半岛北端,三面环水,环境优美,是一座重要的港口城市。前来迎接他们一行的是吴大猷的另一位学生杨振宁。他为他们在旧金山国际学社预订了房间。

杨振宁是西南联大物理学系研究生,导师就是吴大猷。毕业后赴美国留学,就读于芝加哥大学。这次是受导师之托,专程前往旧金山迎接他们。

1947年,朱光亚(右)、杨振宁和李政道(左)在美国密歇根大学研究生院

稍作休息后，华罗庚一行就匆匆地前往新泽西州的普林斯顿大学，与先行到达的曾昭抡会合。一见面，曾昭抡就告诉他们，美国政府已作出决定，凡是与原子弹有关的研究机构（包括工厂），外国人均不得进入。曾昭抡说："想在美国学习原子弹技术，连门儿都没有，大家还是各奔前程吧！"

曾昭抡的话犹如当头一棒。其实，细想想就明白，美国怎会把尖端的原子弹技术教给别国呢？原先的学习计划不能实施了，大家商量后，决定分别进入美国院校，或做研究工作或学习深造，继续了解和学习原子弹有关技术。朱光亚选择了去密歇根大学的核物理专业攻读研究生。这在当时是与原子弹技术最相关的专业了。

朱光亚回忆说：

> 曾昭抡先生于8月先行去美，因而我们抵达时他已了解到一些情况，那时美国政府已对原子物理方面的研究机关加强控制，我们原打算直接到这些方面的研究室去学习已不可能，乃临时分别申请入学校学习。这样，我就进入了密歇根大学研究生院。不久，吴大猷先生也经过英国来到密歇根大学作研究工作。

密歇根大学是吴大猷的母校。1931年至1933年，吴大猷在该大学攻读硕士和博士研究生。于是，吴大猷也选择到密歇根大学当客座教授，从事研究工作。这样，朱光亚作为吴大猷的助手，边做科研课题，边攻读核物理博士学位。

密歇根大学位于美国密歇根州，建于1817年，是美国历史最悠久的大学之一，主校区在安娜堡，这里风景优美，气候宜人。

在密歇根大学，朱光亚遇到了也在美国从事研究工作的西南联大物理学系教授张文裕及其夫人王承书。张文裕当时在美国普林斯顿大学从事核物理研究和教学。朱光亚与张文裕在西南联大期间有过交往，张文裕对勤奋好学的朱光亚有着颇深的印象。其夫人王承书1941年至1944年在密歇根大学读博，获物理学系博士学位后，留校从事博士后工作。

相遇异国他乡，彼此十分亲切。王承书热情地建议朱光亚选择有实践经验、动手能力强的青年物理学家M.L.Wieden Beck副教授做他的博士生导师。

张文裕很赞同夫人的意见。他告诉朱光亚，对他这样的年轻学子，实践经验和动手能力在一定意义上比理论知识更重要。理论知识可以学（包括自学），但经验和动手能力是建立在实践基础之上的。朱光亚愉快地接受了他们的建议。这对他以后的学习和工作果然帮助很大。

朱光亚学习认真，成绩优秀，很快赢得了密歇根大学物理系教授的好评。特别是朱光亚每次做题的答卷，清晰有序的公式，工整娟秀的英文，令教授们耳目一新。他的导师M.L.Wieden Beck副教授说："看朱的卷子，是一件令人愉快的事情，是一种美好的享受。"他们都亲切地称这位来自中国的学生为"KY"（光亚）。

朱光亚在美国密歇根大学留学时

1947年初，曾昭抡、华罗庚专程来到密歇根大学，与吴大猷商议下一步工作计划。他们认为，虽然美国对原子弹技术控制很严，但对原子弹的研究工作不能停下来。

朱光亚回忆说：

> 1947年初，曾昭抡、华罗庚、吴大猷三人在密歇根大学聚会商议，提出初步计划，要求再拨款项聘请其他已在美国的研究人员、购置仪器设备，并建议在国内即时筹建研究室。但是，这时反动派政府正忙于内战，已无法顾及这些事情，因而一点反应没有。

何止是没有反应，当时正忙于打内战的蒋介石及其政府，对派去美国学习原子弹制造技术的吴大猷这些人，早已丢到脑后忘记了！他们的建议寄回国内后就石沉大海。到1948年时，蒋介石政府的国防部已不再为他们继续提供经费，连在国内的薪金也停发了。好在吴大猷、华罗庚、曾昭抡等人因为在美国从事科研工作，有课题、有经费，而朱光亚因学习成绩优秀，每年都能获得奖学金，不至于衣食无着。但他们的护照成了问题。朱光亚讲述道：

> 我领的是官员身份的护照，在美国入境时所领到的签证也是比较自由的，但是护照本身却应每年向原发单位申请延期。1947年我们即打算更换为学生护照，我去信到芝加哥领事馆办理这一手续略迟了一些，未能办妥，回信称必须经国内批准。这样我不得不写信回国办理这一手续，这时国防部办公厅人员拒绝延长，并称两年期满即应回国。所以，我就一直持过期的原有护照，直到1950年回国时为止。

1949年6月，朱光亚完成研究生学业，顺利通过论文答辩，获得了密歇根大学博士学位，成为当时留美学生在核物理研究领域中最年轻的博士。

据密歇根大学档案记载，朱光亚3年读博期间，学习成绩全是A，并先后在美国《物理评论》杂志上连续发表了《符合测量方法（1）β能谱》《符合测量方法（11）内变换》《铕的转换电子与β射线的符合（计数）》《181Hf的辐射》等论文。

这些论文都属于实验核物理学的前沿课题，是朱光亚在核物理研究领域留下的年轻足迹。这年，朱光亚25岁。

## 爱情悄悄降临

在密歇根大学期间，朱光亚不仅学业取得累累硕果，而且幸运地收获了美好的爱情。

密歇根大学和西南联大一样，也有许多学生社团组织，非常活跃。朱光亚入校后，就加入了校学生合唱团，有时还客串指挥。学业上的优异，音乐上的造诣，朱光亚很快成为中国留学生中稍有名气的人物。加之他待人和蔼亲善，同学们都喜欢与他交往。

1947年，即朱光亚入学一年后，他被大家推举为密歇根大学中国留学生会主席。这是朱光亚第一次在学生社团组织里担任领导职务。

1948年，留美中国科学工作者协会（以下简称科协）成立，朱光亚又被推选为中西部地区科协分会会长。留美中国科学工作者协会的成员，大多数是在美学习技术科学和自然科学的中国留学生。根据科协第一次代表大会通过的章程，其宗旨是："一、联络中国科学工作者致力于科学建国工作；二、促进科学技术之合理运用；三、争取科学工作条件之改善及科学工作者

朱光亚（图中站立者）在中国留学生夏令营会上发言

生活之保障。"

朱光亚曾回忆说：

成立科协的目的，一方面是学习技术科学和自然科学的学生，彼此取得联系，进行一些关于国际大事、世界大事的学习；另一方面也希望在业务学习上互相帮助。

科协会员，大多数是认为比较正派的同学，政治思想比较好，科协成立后也是这样要求的。开会的地点没有固定地方，有时在公园、校园的草地上，有时在同学家里，较多的是借用CSCA（中国学生基督教联合会）的房子。在学习方面，组织了一部分同学凑了一些钱，订阅了一些报纸和书籍，如香港《大公报》《文汇报》，供大家阅读或传阅。

新中国成立后曾任北京大学副校长的沈克琦当时也在美国留学，他回忆说："留美中国科协是一个比较进步的组织，朱光亚的前任主席就是一位中共地下党员。"由此可见，留美中国科学工作者协会是一个受到中国共产党影响的进步学生社团。正因为如此，1950年朝鲜战争爆发后不久，这个组织被迫停止了活动。

当时，在美国还有一个规模很大的全国性中国留学生组织——"中国学生基督教联合会"，英文简称为：CSCA。

中国学生基督教联合会早期是一个宗教性的学生团体，旨在通过进行宗教性活动来联络在美国的中国留学生。基督教联合会总会设在纽约，下设三个部（按区域划分）：东部、中部和西部。东部以纽约、波士顿等地学校为主，中部以芝加哥附近大学为主，西部以旧金山、洛杉矶等地学校为主。

1946年起，中共地下党开始利用这个组织开展团结、教育中国留学生工作，一些中共党员成为组织中的骨干分子。

1947年夏，朱光亚被大家推选为中国学生基督教联合会中西部地区分会主席。朱光亚说："CSCA当时在美中国留学生中是一个比较活跃的、比较进步的组织。许多党员同志在里面活动，团结并教育了一部分中国学生。"

朱光亚（左）参加在美国芝加哥附近举办的中国留学生夏令营

中国学生基督教联合会每逢寒暑假，都会组织夏令营、冬令营，时间为一周，除进行一些必要的宗教活动外，大部分时间是小组讨论，讨论的主题大多涉及时事政治。其间，也会组织一些文艺、体育活动，晚上则安排晚会或营火会。这期间，有一位名叫许慧君的女生，悄悄地爱上了朱光亚。她在接受作者采访时回忆说：

光亚是1946年去的美国，我是1948年去的美国，在同一所学校密歇根大学研究生院攻读学位。光亚学习成绩优秀，有很强的组织能力，在中国留学生中有很高的威信，是密歇根大学中国留学生会主席。留学生会每个周末召开联谊会或座谈会。他给我的第一印象，是比较严肃，不怎么说笑。我与他比较深入的交往，是在1948年中国学生基督教联合会中西部地区分会组织的冬令营上，他是活动的组织者。在冬令营我参加了歌咏队，光亚是歌咏队指挥。冬令营活动期间，还召开了演讲会和讨论会，介绍国内形势，是回国参加新中国建设还是留在美国或者去台湾，是当时留学生讨论的中心议题。光亚积极鼓动大家回国效力，他的发言很有说服力。我十分赞同他的观点。因为有共同的爱好和相同的目标，回校以后就有了来往，走到了一起。

许慧君有着显赫的家世。其父许崇清是中国著名的教育家，早年加入同盟会，介绍人就是与孙中山、黄兴一起创建中国国民党的著名革命家宋教仁。1920年8月，在孙中山组建的革命政府里出任教育委员会委员，后被任命为中央执委会候补委员。孙中山、廖仲恺相继去世后，许崇清因厌倦尔虞我诈的官场，逐渐远离国民党政治权力核心，专心致志地从事教育工作，曾三度出任中山大学校长。其母廖六薇出身名门。外祖父廖仲舒是北洋政府驻日本代理公使，其弟就是中国近代民主革命家、国民党左派领袖廖仲恺。在许崇清与廖六薇成婚典礼上，廖仲恺赋词《千秋岁》为他们祝福。

受父辈影响，许慧君在学生时期，积极参加抗日救亡运动，有着满腔爱国热血。她在密歇根大学药物学系攻读硕士研究生，与朱光亚同校不同系，但他们都满怀青春理想，追求民主，渴望用科学知识报效祖国。这就是许慧君所说的共同的人生目标。而共同的爱好，就是他们都喜欢音乐，尤其喜欢古典音乐。

许慧君回忆说：

> 光亚爱好古典音乐，在密歇根大学期间，我和光亚经常去听音乐会。光亚是校合唱团成员，可以拿到免费音乐会票，这也是光亚参加合唱团的一个原因。光亚嗓音比较浑厚，是男中音。圣诞节时，校合唱团演出，由费城交响乐队伴奏，他唱男中音。回国后，特别是晚年，光亚还喜欢听京剧，每年春节前夕，全国政协都有京剧演出，他必定参加。

朱明远也回忆说：

> 父亲喜欢艺术，特别是音乐。当年，他和生物学家邹承鲁以及其他两位同学组成的南开中学小有名气的男声四重唱小组。在美国密歇根大学读研究生时，他是密歇根大学合唱队成员。当时，他和在美国学习声乐、后来成为中国国家歌剧院女高音歌唱家的邹德华是好朋友。

朱光亚、许慧君在美国留学时

父亲当年回国时，从美国带回来了近百张各种各样的古典音乐唱片，包括全套美国费城交响乐团演奏、欧金·奥曼指挥的贝多芬九大交响乐。这也成了父亲和我们家的宝贝。每逢周末，偶有闲暇，父亲就会搬出电唱机，放几张唱片听。耳濡目染，我们都是古典音乐迷。这套唱片在我们家一直保存至今，就连文化大革命时也没有让造反派抄走。

有情人终成眷属。共同的人生目标，共同的音乐爱好，让朱光亚与许慧君有了许多共同语言，彼此仰慕，彼此欣赏，成为中国留学生中令人羡慕的一对恋人。与此同时，他们也开始为回国积极做准备。

## 走出迷茫之后

虽然身在美国，但朱光亚十分关注祖国的政治局势。

离开祖国前夕，蒋介石政府撕毁了与中国共产党的和谈协议，发动了内战。朱光亚对此十分反感。特别是西南联大教授李公朴、闻一多因反对内战先后被国民党特务杀害，激起了全

朱光亚获密歇根大学博士学位

国人民的共愤。朱光亚愤怒地写道："李公朴、闻一多被反动派杀害，旧政协被撕毁，内战又起……这一切在政治上起着刺激我的作用。"

现在，研究生毕业了，要不要立即返回祖国？朱光亚有些犹豫。他不愿意将自己学到的知识为国民党政府服务。他回忆道："一九四九年暑期夏令营前后，我对国内局势特别关心，对政治理论学习也开始尝试。"

朱光亚这里所说的政治理论学习，指的是他在美国读到了毛泽东同志写的《论人民民主专政》。

毛泽东的这篇文章发表于1946年6月30日。毛泽东在文章中明确指出："历史的经验表明，资产阶级共和国的方案在中国是行不通的。"这对朱光亚来说，犹如指路明灯，在思想上起到了指明方向的作用。到美国后，朱光亚曾一度有些迷茫。他在一篇回忆文章里这样写道：

> 到美国的第一年，我埋头于书本之中，不仅不愿过问政治，对友谊性的社会活动也很少参加。第二年（一九四七年）起，我在业务上钻研的情绪逐渐低落下来。当时，我对自己的情绪捉摸不定，觉得搞科学也不知从哪里搞起，祖国的情况不稳定下来，又如何能把科学研究搞起来呢？

这是一个爱国知识青年的迷茫。他希望用自己掌握的科学技术报效国家，但又对腐败的国民党政府失去了信心。毛泽东的《论人民民主专政》一文对他触动很大。读了毛泽东的文章，朱光亚心里豁然开朗。他深有感触地写道：

> 读了毛泽东的《论人民民主专政》，思想上触动很大。当时，对社会主义革命、对阶级斗争理论知识我知道得很少，对苏联社会主义国家实际情况也不很了解，只觉得中国共产党和解放军在领导中国人民翻身。《论人民民主专政》说的道理，中国共产党又的确做得好，因而在思想上、感情上接受了。不仅自己这样认为，和同学们讨论这些问题时，我引以力争的也是这样的理由。我对中国的前途建立了信心。

1949年10月1日，中华人民共和国在北京正式宣告成立。人民中国诞生了！消息传到美国，中国留学生纷纷奔走相告，欣喜万分。朱光亚任会长的中国科学工作者中西部地区分会，为此举行了隆重的庆祝会。

这一天，朱光亚和许慧君商定，回到祖国去，用自己的科学知识投身于新中国建设。

## 新中国在召唤

新中国也盼望着海外游子的归来。

新中国成立前夕，中国共产党有关部门就已通过多种渠道向海外人士传递信息,动员他们回国参加社会主义建设。

决定回国后,朱光亚积极行动了起来。就在此时,朱光亚得到通知,他获得了美国经济合作总署提供的救济金,可以在美国生活和工作。朱光亚不为所动,拒绝了。

朱光亚用平时省吃俭用下来的钱,购买了一批用于物理实验的器材,准备带回国内。拳拳之心,可见一斑。

他还利用中国留学生会、中国科技工作者协会、中国学生基督教联合会等组织,通过专题演讲、座谈会等形式,介绍国内形势,帮助大家了解新中国、了解中国共产党,引导中国留学生返回祖国。

当时,留美中国学生思考最多的,就是回国还是留在美国,或者去台湾。

美国政府是反对共产主义、反对新中国的,而国民党的势力那时在美国也很强势。选择共产党、选择新中国,会受到明里暗里阻拦,甚至加以迫害。据朱明远回忆,他曾在有关档案资料和父亲的日记里,看到过这段时期的文字记载。他写道:

> 从文字记载上看,自1949年11月至12月,父亲与曹锡华等人,在密歇根大学所在地安娜堡,多次以留美科协的名义组织召开中国留学生座谈会,分别以"新中国与科学工作者""赶快组织起来回国去"等主题,介绍国内情况,讨论科学工作者在建设新中国过程中的作用,动员大家:"祖国迫切地需要我们!希望大家放弃个人利益,相互鼓

励,相互督促,赶快组织起来回国去!"他们还用《打倒列强》的歌曲旋律,自编填词创作了《赶快回国歌》,每次聚会都要齐唱:"不要迟疑,不要犹豫,回国去,回国去!祖国建设需要你,组织起来回国去,快回去,快回去!"

1949年末,为了动员更多的中国留学生回国参加社会主义建设,朱光亚牵头起草了《给留美同学的一封公开信》,并分送给在美各地区的中国留学生传阅、讨论,凡同意者可在信上署上自己的名字。

1950年2月,在这封公开信上署名的中国留学生达到了52名。他们当中,有从事自然科学的,也有从事社会科学的。如著名科学家何祥麟当时在美国东海岸波士顿的麻省理工学院学习,也在公开信上署了名。可见,这封公开信在中国留学生中传阅之广。同时,也说明朱光亚在留美中国学生中具有一定的影响力和号召力,并显示出极强的组织能力。

1950年2月27日,朱光亚把《给留美同学的一封公开信》寄往纽约留美学生通讯社。这里摘录公开信的部分文字。

同学们:

是我们回国参加祖国建设工作的时候了。祖国的建设急迫地需要我们!人民政府已经一而再再而三地大声召唤我们,北京电台也发出了号召同学回国的呼声。人民政府在欢迎和招待回国的留学生。同学们,祖国的父老们对我

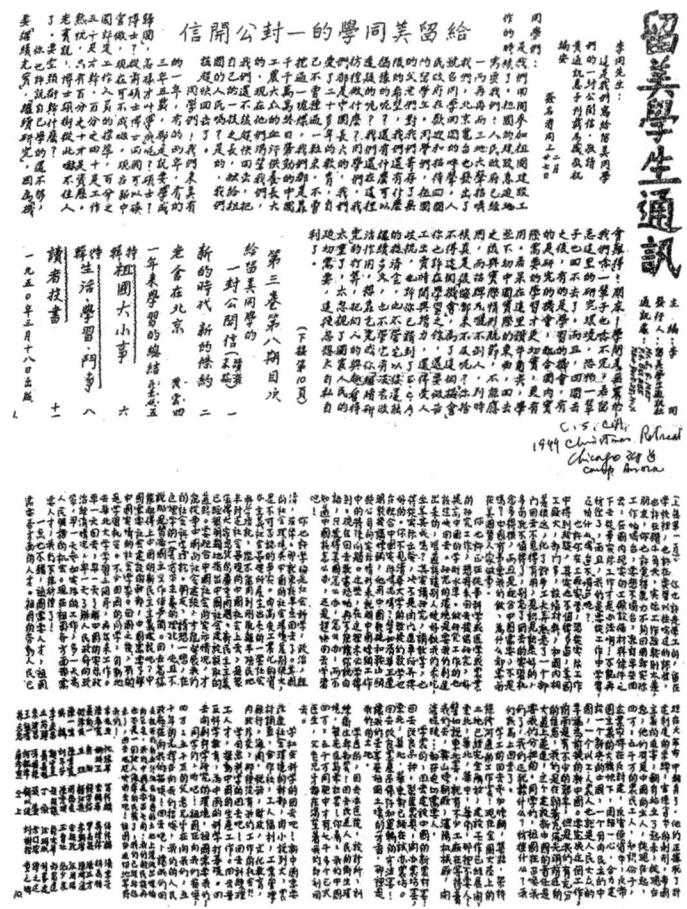

1950年2月27日,《给留美同学的一封公开信》被寄往纽约的留美学生通讯社,刊登在3月18日出版的《留美学生通讯》第三卷第八期上

们寄予了无限的希望,我们还有什么犹豫的呢?还有什么可以迟疑的呢?我们还在这里彷徨做什么?同学们,我们都是在中国长大的,我们受了二十多年的教育,自己不曾种过一粒米,不曾挖过一块煤。我们都是靠千千万万终日

劳动的中国工农大众的血汗供养长大的。现在他们渴望我们，我们还不该赶快回去，把自己的一技之长，献给祖国的人民吗？是的，我们该赶快回去了。

同学们！我们来美有的一年，有的两年，有的三年五载，都是说要"学成归国"，怎样才叫"学成"呢？硕士？博士？从前硕士博士回国可以换官做，现在可不成啦。现在新中国评定工作人员的标准，百分之五十是才干，百分之四十是工作热忱，只有百分之十才是资历，老实说，博士头衔从此吓不住人了。要空头衔干什么？

你也许说自己学得还不够，要"继续充实""继续研究"，因为"机会难得"。朋友！学问是无穷的！我们念一辈子也念不完。若留恋这里的研究环境，恐怕一辈子也回不去了。而且，回国去之后，有的是学习的机会，有的是研究的机会，配合国内实际需要的学习才更切实，更实用。若待在这里钻牛角尖，学些不切中国实际的东西，回去之后与实际情形脱节，不能应用，而招牌又唬不倒人，到时候真是后悔都来不及呢！你舍不得这个"机会"，为了这个"机会"你也许在学习之余，还要做苦工出卖时间与精力，还得受人歧视。也许你已得到了E.C.A.的救济金，也不管它以后还能继续多久，也不管它有没有政治作用，想靠它完成你"继续研究"的打算，把个人的兴趣看得太重了，太忽视了国家人民的迫切需要，这种思想太自私自利了。

你也许是学工的，留在学校里，也许在复习以往念过的课程，也许在钻牛角尖，实际工作经验则太差，朋友，你也许觉得能力不够回国干实际工作怕塌台，要想不塌台，就该早些回去，在国内现实的工厂设备材料条件之下去从事实际工作才是办法啊！不能再彷徨了，而且，我们是要从工作中学习，还怕什么"塌台"不"塌台"呢？

也许你在工厂实习，想从实际工作中得到经验，其实也不值得多留，美国工厂大，部门多，设备材料和国内相差很远，花了许多工夫弄熟悉了一个部门，回去不见得有用。见识见识是好的，多留就不值得了，别忘了回去的实习机会多得很，而且是配合中国需要，不是吗？中国有事要我们做，为什么却要留在美国替人家做事。

你也许正在从事科学或医学或农业的研究工作，想将来回去提倡研究，好提高中国的学术水准。做研究工作的也该赶快回去。研究的环境是要我们创造出来的，难道该让别人烧好饭我们来吃，坐享其成吗？其实讲研究，讲教学，也得从实际出发，绝不是闭门造车所弄得好的。你不见清华大学的教授们教学也在配合中国实际情况吗？譬如清华王遵明教授讲炼钢，他用中国铁矿和鞍山钢铁公司的实际情形来说明中国炼钢工作中的特殊问题。这些，在这里未必学得到。现在回去教书恐怕再也不能让你说白话，只晓得美国怎么办，怎么办，而不知道中国该怎么办，还是赶快回去学习吧！

……

朱光亚（前排左三）在美国密歇根大学留学期间与同学合影

这封公开信，虽然带有那个时代深深的印记，但字里行间洋溢着爱国真情，充满了理性的思考。许慧君回忆说，为了写好这封公开信，朱光亚酝酿了很久，在有限的条件下，收集了许多国内资料，这在当时非常不易。

1950年3月28日，《留美学生通讯》第三卷第八期全文刊登了朱光亚执笔撰写的《给留美同学的一封公开信》。

一石激起千层浪。

回到祖国去！成为广大留美中国学生的追求和选择。

# 第四章

# 回国报效

## 回到母亲怀抱

1950年2月28日，即寄出《给留美同学的一封公开信》的第二天，朱光亚登上了开往香港的"克利夫兰总统"号邮轮，向着母亲的怀抱——祖国驶去。

与朱光亚同行的，还有一批在《给留美同学的一封公开信》上签名的中国留学生。

许慧君因为研究生学业还有一个学期才结束，没有同行。她与朱光亚约定，半年后回祖国去找他。

在漫长的航行途中，回国的留学生们经常聚在一起，畅谈对祖国的怀念和回国后的打算。朱光亚是他们当中的中心人物，因为他收集了不少新中国的资料，交谈时让大家感到很新鲜。有时，他们也会聚在一起唱歌，那首《赶快回国歌》是大家百唱不厌的歌曲。

1950年4月1日，"克利夫兰总统"号邮轮抵达香港。当时的香港，还是英国的殖民地。按照事先的约定，朱光亚下船后，就立即去香港大学拜访曹日昌教授。

曹日昌交给朱光亚一份来自北京大学的聘书。北京大学曾是组成西南联大三所大学之一，因此，也算是朱光亚的母校。归国前，朱光亚给母校写信，表达了自己想到母校工作的愿望。

4月3日下午，朱光亚离开香港，从九龙进入深圳。那时的深圳，还只是一个名不见经传的小渔村，但却是新中国的国门。迈进国门，朱光亚停了下来，仰望着高高飘扬的五星红旗，异常激动。他伸开臂膀，深深地呼吸着，那是祖国的空气，真甜！他从心底里高喊着："祖国，我回来了！"

没作停留，朱光亚就连夜乘车赴广州，抵达时已是次日的凌晨，太阳刚刚从东方升起。

沐浴在祖国的阳光下，朱光亚感到身心特别舒畅。在旅馆安顿好，他就迫不及待地漫步在广州的街头小巷，一切都是那样的新鲜，那样的亮丽。

第二天，朱光亚去广州一个名叫皋园的地方，拜访许慧君的父母。回国前，许慧君交给朱光亚一封她写给父母亲的家信，实际上是一封"介绍信"，将朱光亚介绍给了她的父母和家人。

许慧君的父亲许崇清时任广州市人民政府委员,负责接收广州大学,事务繁忙,平时回家都很晚。朱光亚到皋园时,只见到了许慧君的母亲廖六薇和弟弟许锡挥。

下午,朱光亚因为还有事情要处理,便起身告辞。廖六薇对朱光亚的印象很是不错,热情地邀请他晚上再来吃饭,见见许慧君的父亲。傍晚,朱光亚又赶到皋园。进门时,许慧君的父亲许崇清已在家等候了。对这次见面,朱光亚在给许慧君的信中这样写道:

> 再到皋园时,你父亲也已回来了。谈到他的工作,解放后的一切,他的兴致都非常高。关于你申请visa的事,他告诉我说已为你写信到北京请教育部高等教育司出函,大约不久就会有回音。问明在广州方面没有负责这方面事务的机构之后,我也就没有继续多问。哲君(许慧君之妹——作者注)已在两月前回到广州,现在中山大学图书馆英文部门服务,晚饭时也会见了。和他们谈起,大家都很关心你在美国的情形,对于你即将归来的消息,他们都抱有很大的期望。我初以为你母亲、父亲会不赞同你即刻返国服务的计划,晤谈之后才知道所虑实为多余,正相反地,大家都在盼望你回来咧!
>
> 锡挥弟弟念高二了,今年夏天该念高三,他念的新书籍很不少,对新中国有一些认识。母亲知道了我即刻要去北京的消息后告诉我说,锡振弟弟任上海市学联副主席,

前不久曾到北京参加学联代表大会，可惜时间不对，不然我可以在北京和他见面。晚宴很丰富，我吃了三碗，母亲说我吃得太少，因为锡挥每餐总要超过四碗。饭后大雨，八点半开车，七点半我辞出。母亲坚持要哲君和锡挥冒雨送我去车站，在路上我们又谈了一些美国的事情。

车启行后，我一人在车上，感触很多……

火车向着武汉驶去。自1938年离开武汉，朱光亚已有12年未回家乡。他不由得想起了唐朝诗人贺知章《回乡偶书》中的诗句"少小离家老大回"，眼睛禁不住湿润了。

当时，武汉三镇之间没有跨江大桥，来往要靠渡轮。火车到达武昌后，朱光亚登上了至汉口的渡轮。望着滚滚奔流的长江水，儿时的记忆，顿时像电影似的一幕幕在他脑海里闪现。

抗战胜利后，朱光亚的父亲朱懋功随邮政总局去了南京，母亲带着几个孩子回到了武汉老家。1947年，朱懋功因患喉结核，回到武汉养病，除了朱光亚及其大哥在美国外，全家得以在武汉团聚。

因为父亲患病，朱光亚的二哥朱光鼐辍学就业，担起了照顾家的责任。直到新中国成立后，朱懋功被安排到中南局邮电部（武汉）工作，朱光鼐才得以进入中南交通大学土木工程系继续学业。

对朱光亚的回来，全家异常兴奋。朱光亚在给许慧君的信里深情地写道：

堂兄光同和他的长子，大妹光玮和弟弟光慈都来车站接我。因为来晚了一点，赶到渡轮上，他们才找到我。离家多年，弟弟长得又高又胖，初见时我简直不认识他了！光玮也还是那个样，只是脾气蛮了一些。他们都告了假来的，说家里还有不少人在候我。回到家看见母亲，鬓发几全白了；此外，大堂姐、三堂姐、光同兄嫂，以及六七位侄子、侄女、外甥……大家挤满了一屋，真是热闹。晚饭时间父亲才回来，比以前更消瘦了，因为患过一次结核症，喉头的损害仍没复原，说起话来嘶哑不成声，初见时令人饮泪内泣，难受已极。

这次回家，有两件憾事。第一，不能在家多住些时日，我得立刻北上；第二，因为旅途的不方便，没有买什么东西回来分送给大家。离美时，本计划到香港后再买，到香港后才知道，由陆路走东西不能多带，馈礼更不能多买。没有法子可想，只得把为自己置购的和以前用旧的一些日常用品拿出来分送给大家。举一个例子，我随身用的钢笔现在已只剩了一支了，连我最喜欢用的一支Esferbrook牌旧笔都送了人，由此可见我之狼狈情形。

朱光亚很想在家里多待几天，但一封来自北京大学的加急电报催他尽快到职。

这封电报的署名是饶毓泰。饶毓泰是中国著名物理学家，中国近代物理学创始人之一，曾任西南联大物理学系主任，是朱光亚的恩师。在校时，他就对朱光亚的才华和为人颇为赏识。1947年，饶毓泰任北京大学理学院院长。1949年，他不顾国民党政府的威逼利诱，拒绝去台湾，留在了北京。新中国成立后，担任北大理学院院长兼物理系主任。

看到昔日恩师、今日系主任的加急电报，朱光亚决定立即起程。事后他才知道，是因为先生病了，不得以才催促他尽快赴京。

4月10日上午，朱光亚离开武汉，乘火车赴京。前后算来，朱光亚在家只待了两天半。望着病中的父亲和已显苍老的母亲，朱光亚的眼睛再次湿润了。

短暂的相聚，难舍的亲情，朱光亚心里甚是歉疚。他在日记中写道："游子离家多年，如今又要远行，总是不能伺候年老的双亲，深感内疚。"

## 执教北京大学

1950年4月12日上午，朱光亚乘坐火车驶抵北京。

当时，北京火车站建在前门。北京大学教师徐叙瑢和三位学生代表早已伫候在站台上，他们受饶毓泰的委托，前来迎接朱光亚。

徐叙瑢是朱光亚就读西南联大时的同班同学。此番京城相见，彼此激动不已。朱光亚感叹道：昔日昆明一别，旧中国正处于黑暗之中，阴霾重重；而今北京相逢，祖国已是焕然一新，

归国初期的朱光亚

犹如旭日东升,一派生机勃勃。

这是朱光亚第一次来到北京。走出站口,他放慢脚步,四处打量,只见沿路两旁,嫩芽满枝,花儿渐红,春光明媚。再向远处望去,就是令无数人仰望的天安门。

1949年10月1日,毛泽东站在天安门城楼上,高声宣告中华人民共和国成立。

如今站在天安门城楼下,朱光亚凝神仰望,眼眶里闪烁点点泪花,不停地喃喃自语:"我回来了,祖国!"

徐叙瑢特意引朱光亚沿着故宫围墙一侧前行。当时,北大物理系位于北京一个名叫沙滩的地方。这里离故宫北门不远,临近北海、景山等地。一栋栋教学楼,红砖红瓦,古色古香,大家亲切地称为"红楼"。

顾不上旅途疲劳，放下行李，朱光亚就去学校人事部门报到，然后，在赵广增教授的陪同下，去看望恩师饶毓泰。师生相见，百感交集。饶毓泰爱惜地握着朱光亚的手，轻轻地拍了拍说："回来了，好啊！"

赵广增教授当时任北大物理系光学教研室主任、代理物理系主任，他是朱光亚在重庆中央大学读书时的恩师。中午，赵广增在自己的家里宴请了朱光亚。当晚，郑华炽教授又在家里宴请了朱光亚。郑华炽也是朱光亚在西南联大物理系读书时的恩师，现为北大物理系教授。

到北大的第一天，就见到了几位昔日恩师，朱光亚很是兴奋。他挥笔写道："师长如此款待，真令我惭愧。"

4月14日下午，北大物理系特意召开了一个有部分师生参加的欢迎会，欢迎朱光亚到北大任教。在给许慧君的信里，朱光亚写下了当时的心情：

> 郑先生告诉我，今天下午物理系师生有一个聚会，算是欢迎会，要我出席。心里惶恐得很，不知道到时候该说些什么。以前也教过中学生，学生群中比我年岁大的也有；出国前在联大也教过大一的学生。只是时隔四年，现在再作人师，一切都好像有了许多变化似的。
> 
> 这一两年，在工作上真要加倍地努力，这一路来北京，感触很多，一时也真说不了。新的中国在诞生；回到家看见年轻的一群，有的入了团（中国共产主义青年团——作

者注），有的还在努力学习，都了解了一些劳动创造世界、为人民服务的真谛，真令人兴奋。回想到当初在中学时代，理想、抱负都有一些，哪能赶得上他们？然而，另一方面，又感觉到革命过程中新生一代与衰退的一代之间的冲突日益深刻，不愉快的现象也与日俱增。感觉到自己的负荷很沉重，也感觉到还该拿出更大的勇气。

朱光亚时年25岁，与年轻的大学生们一样，都是新中国朝气蓬勃的年青一代，有着梦幻般的革命理想，有着热火般的革命激情。但他的人生经历，让他比同龄人多了一份成熟，多了一份自省。

也许是年龄相近，也许是性格柔和，朱光亚与学生的交往，少了师生间的距离，多了兄弟般的情谊。在课堂上，学生视他为先生；课堂下，学生更喜欢把他当作和蔼的兄长。闲暇时，学生们三三两两地，总喜欢去朱光亚的宿舍坐坐。

朱光亚的宿舍，简朴、干净。最多的物品是书籍，都是朱光亚从美国带回来的。还有就是唱片，有贝多芬、莫扎特、亨德尔等著名音乐家的。在这里，大家交流读书体会，畅谈天下大事，欣赏音乐家的作品，不似沙龙，胜似沙龙，其乐融融。

除了喜欢读书、音乐，朱光亚还是个体育爱好者。中学时代喜欢打篮球，到北大后又喜欢上了打排球。许慧君回忆说："光亚回国后，我们经常通信。他在1950年6月2日给我的信中，他告诉我，今天下午物理系老师和学生比赛排球，他打的是二

朱光亚当年居住的北京大学理学院位于景山东街的平房宿舍

传手。后来，他又写信告诉我，在6月9日，物理系与植物系比赛排球，他们三局全胜。"

在北京大学的日子里，朱光亚的心情特别舒畅。

他在给许慧君的信中写道：

> 北大理学院都是些旧宫殿式的小平房，环境安静可爱，念书、做学问，真再好也没有了。记得我对你说过吗？我是一个爱静的人，能有一些想看的书，在一个恬静的地方住下来，我会感到很快乐的。心境静下来了，才能踏实地做一点工作。

## 有情人成眷属

1950年9月，完成学业后的许慧君也回国了。朱光亚专程到

1949年夏,许慧君在美国尼亚加拉瀑布游览时

第四章　回国报效　　83

1949年冬，朱光亚在美国密歇根大学时

广州迎接。

许慧君的回国，几经周折，没有朱光亚回国时顺利。由于美国政府对新中国采取敌视政策，给中国留学生设置了许多障碍。这从朱光亚给许慧君的信里可以看出。1950年4月29日，朱光亚在信中写道："发展到这种情形，不免令人为前途担忧。的确，在'民主'的国家里，'民主'两个字是要加上帽子的。你为回国问题焦虑，很使我不安。"

许慧君在密歇根大学攻读的是化学专业，取得了硕士学位，回国后被分配到北京中央卫生研究所工作。

1950年10月，朱光亚与许慧君在北京登记结婚。11月12日，他们在王府井的森隆酒家举行了简朴而隆重的婚礼。出席婚礼的都是朱光亚、许慧君的亲朋好友，总共34人。其中，许慧君的叔婆何香凝、姨母廖梦醒、舅舅廖承志、舅妈经普椿，是新婚夫妇的至亲长辈。朱光亚与许慧君双方的父母因都在外地没有前来。

何香凝是国民党领袖廖仲恺先生的夫人，是中国民主革命的先驱和妇女运动领袖。新中国成立后，历任中央人民政府委员、全国人大常委会副委员长、全国政协副主席、全国妇联名誉主席、民革中央副主席。

何香凝还是一位杰出的画家，擅长中国画，其以松梅菊为题材的作品，享誉海内外。在朱亚光和许慧君的婚礼上，她亲自在一幅2尺长、1尺宽的红绸上挥毫题字："百年好合，祝朱光亚、许慧君新婚之喜。"

朱光亚、许慧君在北京喜结良缘

在场的亲朋好友全都在红绸上签了名。这份珍贵的结婚礼物，许慧君一直保存至今。在红绸上签名的，还有被誉为"两弹元勋"的邓稼先。他是朱光亚在西南联大读书时的同班同学，也是刚刚从美国归来。

婚礼上，大家纷纷"起哄"，要朱光亚唱歌。许慧君回忆说，朱光亚当时为大家唱了歌剧《王贵与李香香》中的一段，其中有几句歌词，她至今还记忆犹新，那就是"不是闹革命，咱们翻不了身；不是闹革命，咱们成不了亲"。

一曲唱罢，引来大家一片掌声。何香凝等在场的长辈个个满含笑意，颇为欣赏。廖梦醒高兴地对许慧君说："光亚脾气好，能体贴人，是一个好丈夫。"

婚后，朱光亚与许慧君将新家安在了东城内务部街中央卫生研究所宿舍。这里离何香凝住的地方比较近，节假日或星期天，他们经常去看望这位革命老人。

在首都北京，朱光亚、许慧君开始了小两口的美好生活。

## 拿起笔做刀枪

就在朱光亚回到祖国不久，国际局势发生了突变，朝鲜战争爆发了。

那是1950年6月25日的深夜。这天，朝鲜半岛的三八线上乌云密布，狂风大作，暴雨如注。忽然间，不知何处一声枪响，划破了夜空。顿时，南北双方激烈对射，继而炮声隆隆，朝鲜战争由此开始。

战争初期，朝鲜人民军占尽优势，开战只三日，便一举攻下了大韩民国首都汉城，即现在的首尔。

眼见局势对韩国不利，6月27日，美国总统杜鲁门发表声明，宣布武装干涉朝鲜内战。之后，杜鲁门又操纵联合国，组成了以美国为首的"联合国军"，登陆朝鲜半岛作战。

1950年9月15日，美军在朝鲜半岛的仁川登陆，不仅拿下了汉城，而且全线进抵到了三八线。10月初，"联合国军"又悍然越过三八线，并把战火烧到了中国东北边境的鸭绿江边。

由于以美国为首的"联合国军"的参战，北朝鲜政权岌岌可危。而此时，盘踞在台湾的蒋介石政权，也蠢蠢欲动了起来，试图利用美国的力量反攻大陆。

新生的人民中国受到了外敌入侵的威胁。爱好正义的人们纷纷谴责美帝国主义，但同时，一些消极、害怕的论调也甚嚣尘上，特别是面对美国拥有原子弹，一部分人产生了"恐美""恐核"的心理。

这时，朱光亚以敏锐的眼光和丰富的专业知识，撰写了一篇题为《原子能与原子武器》的文章，说明原子弹的原理及如何防御，并呼吁大家行动起来，保家卫国，反对原子战争。

在这篇文章中，朱光亚开宗明义地写道：

> 自从美帝国主义发动了对朝鲜的侵略战争以来，国际的局势骤然紧张。美帝国主义侵略的战火已经威胁着我国的东北，威胁着我们祖国的安全。由于在第二次世界大战中，原子武器——原子弹曾经被美帝使用过，加上美帝对原子弹夸张的宣传，使有些人一想到战争，立刻会不自觉地想到了原子弹，想到了原子弹的威力。原子弹这个残忍的杀人武器似乎已经成了战争的象征。战争贩子们也正利用这种人们对原子武器不了解，对原子弹惧怕的心理进行着他们无耻的宣传，对人民展开着神经的攻击。在这个全世界和平受着严重威胁的时候，我们坚决保卫和平，我们的使命是极其重大的，这个时候，我们不能也决不允许慌乱，我们不能也决不允许惧怕。要首先击退这一个战争贩

子对我们的神经攻击,戳穿一些特务匪徒所散播的关于原子弹的谣言,我们必须仔细地分析一下原子武器的性质,及它在战争中能起的作用,以及战争贩子们为什么要利用原子武器来做他们神经攻击战的工具。

之后,朱光亚从"科学家们怎样发现原子能的""原子能在工业运用上的远景""原子弹是怎样做成的""原子弹带来了什么""氢弹的秘密""我们为什么要反对原子战争"六个方面,进行了科学而通俗、深刻而明了的阐述,将政治、科技、军事、历史、现实有机地融合在了一起。

通观全篇文章,展现了朱光亚是个具有政治观、大局观的科学工作者。他在文章中明确指出,美国为什么"要在日本投下原子弹,这个决定不是为了军事的目的,而是为了政治上、外交上的目的"。

他引用了美国共产党领袖福斯特撰写的著作《世界资本主义的末日》中的话:

> 第一次投的原子弹并不一定是为了打败日本,而主要是为了阻止苏联在管制战败的日本上取得真正的发言权(美国确是这样做的),同时也为了宣传美国将在华尔街统治战后世界的计划中使用原子弹。

他引用了英国物理学家勃兰开特撰写的著作《原子能的军

事与政治后果》中的话：

> 原子弹的投掷与其说是第二次世界大战的最后的一个军事行动，不如说是冷战开始后的第一个重要行动。

他还引用了美国政府报告中的话：

> 广岛及长崎被选作投弹目标乃是由于这两个城市的居民活动集中和人口稠密的原因。

朱光亚在文章中最后写道：

> 由这些分析我们不难看出，原子弹并不能决定战争的胜负。它仅仅能用来袭击不设防的和平城市，屠杀城市的居民，破坏城市文化建设。这也说明了为什么战争贩子们要进行无耻的宣传，宣称原子弹的威力至高无比，制造恐惧。我们现在看来，这些恐惧是完全不必要的。
>
> 只有全世界人民做了真正的主人，这个关于原子能的辉煌的科学成果才会被用来为人类增进幸福。不过，帝国主义存在一日，战争贩子存在一日，人民的安全就会受到严重威胁，原子能的和平建设事业就不能实现。正因为原子武器只是一个残忍的毁灭人类、破坏人类文化的凶器，我们要坚决地反对它的使用；正因为原子能在和平建设事

业上有着无限的远景,我们要坚定保卫和平、消灭战争贩子的决心,争取原子能和平运用的及早实现。

这篇文章,受到了北京大学党委的高度关注和重视,北京大学校务部专门将这篇文章油印成册,在校内外广为散发。在当时的局势下,朱光亚的这篇文章起到了非常积极的宣传作用和教育效果。中央人民广播电台还特意到北京大学采访了朱光亚,并制成了有关原子弹的专题节目向全国播发。

后来,朱光亚将这篇文章进一步修改和扩展,撰写成了一部专著,由商务印书馆出版。这是新中国成立后,第一部系统介绍和论述有关原子能和原子弹方面的学术著作。

拿起笔做刀枪。在国家安危面前,朱光亚以饱满的爱国热情,展现了中国知识分子的大义和睿智。

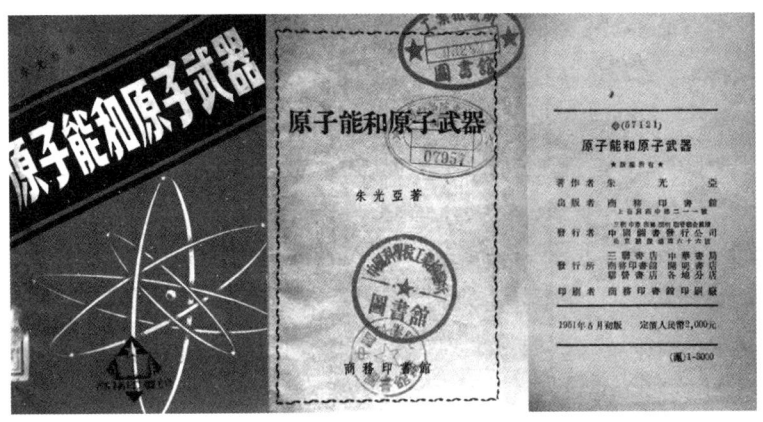

1951年5月,朱光亚的《原子能和原子武器》由商务印书馆出版发行

## 参加农村土改

1950年6月,中央人民政府颁布《中华人民共和国土地改革法》。该法第一条总则就是:"废除地主阶级封建剥削的土地所有制,实行农民的土地所有制,借以解放农村生产力,发展农业生产,为新中国的工业化开辟道路。"1950年冬,土地改革在全国广大农村全面进行。

1951年初,朱光亚作为北京大学的教师代表,随参观团赴湖南参观土地改革。

这次参观,对朱光亚触动很大,他写道:

> 1951年初,我到湖南去参观土地改革运动,受了一次生动的阶级斗争教育,使我对中国革命斗争的意义与前途有了较深入的认识与体会,同时也认识到中国革命斗争的力量源泉是无限的。这次参观,收获很大,但主要是认识提高了。当时,我的感情还是知识分子的感情,自己还是或多或少地置身于斗争之外。

1951年夏,朱光亚又被选入参加土改工作团,到大别山地区参加土改。这次,朱光亚在大别山工作了两个月,由原先的参观者成了参与者。

在大别山地区,朱光亚随工作团深入乡村,访贫问苦,分田分地,第一次真切地感受到了处在社会底层劳动人民的生活疾苦，认识到了中国共产党为什么是为人民大众谋幸福的政党。他曾这样谈道：

> 我到大别山一带，随工作团工作了约两个月，对我的帮助是巨大的。我对党如何在过去领导中国人民进行斗争，中国革命的艰苦性、长期性如何，中国人民的敌人是如何的惨无人性，中国革命斗争为什么要走武装斗争道路，中国革命力量的源泉等，有了比较深入的认识。除了认识之外，我对劳动人民的感情也有了提高。在工作中，觉得自己不再像参观土改运动时那样置身事外，而是在经受磨炼，工作做得也比较深入，特别是想加入共产党的信念又进了一步。

从在西南联大参加民主运动开始，朱光亚就对中国共产党有了感情，从内心深处拥护共产党的主张，并产生了加入中国共产党的愿望。但回国后，朱光亚于1950年8月加入了中国民主同盟。朱光亚说，当时觉得自己还不够入党条件，所以就先加入了中国民主同盟。

# 第五章

# 战地情怀

## 奔赴朝鲜战场

1952年4月，朱光亚从大别山土改工作团回到北京大学后不久，又被中央有关部门选调，作为高级英语翻译赴朝鲜参加停战谈判。

朝鲜战争爆发后，世界各国高度关注，爱好和平的人们纷纷呼吁，和平解决双方之间的战争冲突。但随着以美国为首的"联合国军"的参战，不仅和平无望，而且战火越烧越大，并直接威胁到了新生的人民中国。

1950年9月30日，当时的政务院总理兼外交部长周恩来就发出严正警告："中国人民热爱和平，但是为了保卫和平，从不也永不害怕反抗侵略战争。中国人民决不容忍外国的侵略,也不能听任帝国主义者对自己的邻人肆行侵略而置之不理。"

10月3日,中国政府通过印度驻华大使转告美国:"朝鲜事件应该和平解决,朝鲜战争必须立即停止。如果美军企图越过三八线,扩大战争,我们不能坐视不顾,我们要管。"

但是,美国置若罔闻。"联合国军"不仅悍然越过三八线,而且把战火烧到了中国东北边境的鸭绿江边,美军飞机甚至对我东北地区进行了轰炸。

面临国破家亡,朝鲜民主主义人民共和国政府和金日成通过外交途径,紧急恳求苏联和中国出兵援救。

唇亡齿寒。毛泽东拍案而起,愤然指出:

> 自1840年以来,百余年间,西方列强欺我落后,屡出兵攻打我们,先是鸦片战争,继之是英法联军战争,而后是中法战争、甲午战争、中日战争。除中日战争外,皆是我国战败,割地赔款,受尽屈辱。我年轻时曾立下誓愿,若能参与国是,决不再容忍列强欺我!
>
> 如今美国不但入侵朝鲜,向鸭绿江进逼,威胁我国东大门,且美机屡炸东北,美国舰队又在台湾海峡耀武扬威,阻我解放台湾,甚至宣称台湾地位未定。是欺负人嘛!是欺负我们没有飞机、没有坦克、没有军舰、没有原子弹嘛!

## 第五章　战地情怀

1950年10月8日，经中共中央政治局研究决定，中央军委主席毛泽东发布命令，组建中国人民志愿军入朝参战，帮助朝鲜民主主义人民共和国抗击美国侵略者。

10月19日，中国人民志愿军跨过鸭绿江。

10月25日起，中国人民志愿军在彭德怀司令员的率领下，同长驱直入的以美军为首的"联合国军"及韩国军队开战，抗美援朝战争由此打响。

战争的局势发生逆转。"小米加步枪"的中国人民志愿军接连战胜了现代化装备的美军及"联合国军"和韩国军队。原先叫嚣打到鸭绿江边过圣诞节的不可一世的美军，不得不停下了进攻的脚步，向后撤退。

自1950年10月中国人民志愿军入朝参战，到1951年6月，八个月时间，累计发动五次战役，收复朝鲜民主主义人民共和国全部失地，共歼敌23.4万人，两军战线在三八线附近拉锯、对峙，战局逐步稳定了下来。

之后，经过中美双方多次协商，确定从1951年7月10日起，在朝鲜开城举行停战谈判。

谈判之初，并不顺利。双方谈了一个多月，没有任何进展，且摩擦不断。其主要原因，是侵朝美军主要将领不甘心失败，在谈判之际不断挑起事端，妄图以武力压谈判。

1951年8月，在侵朝美军司令官的指挥下，美军及"联合国军"共计10万人、飞机数百架，再次向朝鲜人民军防线发起进攻。

对美军的图谋，中国人民志愿军司令员彭德怀早有警惕。他指出："美方请求谈和，是因武力不能达到目的，并非其自愿放弃侵略。若其力量增强，或谈判桌上亦不能达到目的，必重新用兵向我进攻。打时想和，和时想打，打打谈谈，边谈边打，此是敌人一贯伎俩。若要恢复和平，在军事上挫败敌人进攻、争取胜利是第一要务。"随即，中国人民志愿军发起强大反攻。

在中国人民志愿军的坚决反击下，美军几次向三八线以北地区全面发起攻击都无果而终。无奈之下，美国只得重新回到谈判桌上，但提出谈判地点不能设在中朝控制区内的开城，要求在双方战线之间，另寻一个中立地点作为谈判会场。实际上这是在给自己不光彩的"面子"找个体面的理由。于是，经过双方协商后，板门店成为新的谈判会址。

1951年10月25日，朝鲜停战谈判移至板门店复会。一场漫长的斗智斗勇的马拉松式谈判，由此开始。

1952年春，为了取得朝鲜停战谈判的胜利，中央决定从国家机关、高等院校等部门抽调一批政治上可靠、英语水平高的优秀人才，作为翻译赴朝参加停战谈判。于是从北京大学选调了两人，一人是年届半百的钱学熙教授，另一人就是朱光亚。这年，朱光亚27岁。

当时，朱光亚初为人父。他的长女朱明燕于1952年1月14日在北京出生。孩子出生时的一瞬间，朱光亚感觉到了自己的肩上从此有了一份沉甸甸的家庭责任。但面对祖国的召唤，朱光亚义无反顾地选择了服从。

第五章　战地情怀

停战谈判代表团成员步入板门店谈判会场

刚接到赴朝调令时，组织上叮嘱他对外要保密。因此，在收拾行李时，许慧君问他："到哪里去？"朱光亚含蓄地说："到东北打老虎去！"

话虽不多，但许慧君心中已明白，这是要上朝鲜战场。她没有再继续问下去，毫不犹豫地选择了对丈夫的支持，默默无言地为朱光亚准备行囊。

朝鲜战争爆发后，朱光亚就撰写了《原子能与原子武器》一文，用自己的笔投入了战斗。但他没有想到的是，一年之后，会真真实实地走上战场。他在日记中写道:"这将是我第一次经受战火的严格考验。"

## 冒着炮火前进

1952年4月22日,赴朝参加停战谈判的10多名英语翻译,经过短期集训后,登上了北去的列车。

4月23日上午,列车到达沈阳。利用休息间隙,朱光亚来到了沈阳火车站广场。广场中央,竖立着一座苏联红军解放沈阳纪念塔。塔上,安放着一辆苏制坦克。

漫步在纪念塔下,朱光亚神情专注,这辆带有战争色彩的坦克,令他印象十分深刻,并把它写进了自己的战地日记里。

赴朝之际,朱光亚特意准备了一本黑色的笔记本,专门用来撰写战地日记。

当日晚上8点,朱光亚一行离开沈阳,乘坐列车去安东。安东,现名丹东,临近朝鲜。战争期间,这条铁路线十分拥挤和繁忙。

朱光亚在日记里这样记载道:

> 去安东的车挤得很,分小组上车找座位的办法失败,不过,挤来挤去,也睡了一会。清晨六时到达安东。安东是辽东省首府。在第一招待所住下,招待所内有不少国际友人,好像都是"老大哥"。午饭后仓促上车出发,夜行

军,天未亮前赶到平壤大使馆。

现今的辽宁省于1954年6月设立。在这之前,该省区域分属为辽东和辽西两省。朱光亚日记中所说的"老大哥"是指苏联友人。新中国成立初期,大家习惯把苏联称为苏联老大哥。

安东是一座边境城市,与朝鲜一江之隔。到达安东后,需要换乘军用卡车。当日下午,朱光亚一行乘车跨过鸭绿江大桥,没有停留,一直前行,连夜驶向朝鲜首都平壤。

朝鲜战争时期,美国利用空中优势,经常对朝鲜境内我方运输线进行狂轰滥炸。为安全起见,志愿军的运输一般都选择在夜间行动。朱光亚的日记里,对这次"夜行军"没有详细记载。但与朱光亚同行的人员中,有的后来撰写了有关回忆文章,让我们对这次"夜行军"的艰辛和危险有了真实的感受。

外交官过家鼎,是当时与朱光亚一起赴朝参加停战谈判的翻译。他在一篇回忆文章中写道:

> 1952年春,抗美援朝战争进入了阵地战的胶着状态,形势仍十分严峻。从1951年7月开始的板门店停战谈判仍在继续。这是当时我国外交战线上的头等大事。国家需要选派一批政治上可靠的外语干部到板门店这个敏感地区从事谈判翻译工作。1952年4月,我从上海复旦大学外文系调到北京参加"五一"节外宾接待工作,到北

京后不久便荣幸地被选中去板门店参加停战谈判，时年21岁。

同行的有十几个人，当时互不相识，其中就有刚从美国回来的核物理学博士朱光亚。我们这个队伍中，年纪最大的是50岁的清华大学教授赵诏熊和北京大学教授钱学熙。年纪最轻的是我和冀朝铸、邱应觉。冀朝铸是侨居美国多年的哈佛大学本科生，邱应觉是马来亚（马来西亚西部的旧称）归侨。

当时，我们国内尚未形成一支专业的翻译队伍，但有不少英语水平高的人。我们这批人来自各行各业，有教授、副教授、讲师、助教、医生等。选上我们，是因为组织上认为我们这些人政治上可靠，同时又具备一定的英语水平，对朝鲜停战谈判能有所贡献。

我们这一群互不相识的人在北京集合，穿上了新发的中国人民志愿军棉军装，只带了最简单的随身行李，从北京坐火车经沈阳到达安东。沿途看到，人民安居乐业，建设事业欣欣向荣。从安东跨过鸭绿江，眼前便似换了天地。那是一片废墟，美国侵朝战争已将朝鲜北方的城镇夷为平地，没有一座完好的房屋。我们从新义州出发，连人带铺盖一起上了一辆军用敞篷大卡车，朱光亚和我们共十几个人挤在一起，铺盖就是我们的座位。卡车沿着崎岖的山路前进，一路冒着美国飞机轰炸扫射的危险。朝鲜人民军和中国人民志愿军战士沿途站岗放哨，一遇敌机盘旋，便鸣枪发出防空警报。白天，卡车开开停停，天黑后便加速行驶，大部分路程是在夜间行进的。途中，美国飞机在我们车前扔下了照明弹，司机立即停车，让我们大家都跳下车趴在路旁的斜坡上。美机在我们车前车后扫射了一阵便飞走了。我们便拍去身上的泥土，立即上车继续前进，终于平安到达了开城中国人民志愿军停战谈判代表团的所在地。

外交官冀朝铸，在其回忆录《从红墙翻译到外交官》一书中，也有这方面的记载：

> 我们先坐火车去边境上一个叫安东的地方。到达时看到那里明显处于战时状态，到处可以看到军人和军用卡车，街上还有不少苏联飞行员，然后我们跨过鸭绿江，乘一辆军用卡车向平壤开进。
> 
> 朝鲜地势多山，风景优美。行进途中，天很快就黑了，只能看见卡车车灯放出的光芒。我们坐的卡车满载着各种物资，我们十几个人等于是坐在物资上面。经过一个朝鲜小镇时，听到有人用朝鲜语大叫"兵机！兵机！"，意思是"飞机！飞机！"。我们刚刚离开那个小镇，就看到美国战斗机轰炸扫射这个镇子，镇子里火光熊熊，把附近的地区都照亮了，所幸我们已经安全上路，没遇到危险。
> 
> 我们继续向南开进，车灯也调暗了。偶尔听到一声步枪响，这意味着附近也许有敌机，也许有敌军活动，这时

> 我们就关上车灯，放慢速度，在黑暗中继续向前。但车灯只能关上一两分钟，因为实在太黑了，如果不打开车灯，很可能翻车。
>
> 在黎明快来临时，一架美国战斗机不知什么时候突然飞出来，向我们的卡车俯冲，并用机枪扫射。我们可以清楚地看见曳光弹把车前的天空都照亮了。幸好那时卡车正要拐弯，必须减速，这样美军飞行员没有算准卡车的速度，我们也就没有被击中。如果不是有那个拐弯，我现在可能就写不了回忆录了。卡车司机当时马上踩刹车，我们赶紧跳下来藏在路边的沟里隐蔽……

从他们回忆的内容中，我们可以感受到这次夜行军的惊险。到达平壤后，朱光亚一行在中国驻朝鲜大使馆稍作休整，第二天继续前行，于上午11时30分到达开城。与他们一起同行的还有志愿军文工团的一部分演员。从平壤到开城，一路上还比较顺利。冀朝铸在其回忆录里写道：

> 当我们到达平壤时，到处都是残垣断壁、碎砖破瓦。我们爬入地下防空洞，在洞里休息了一天一夜，第二天早晨坐卡车去开城。之前，我方已通知了"联合国军"司令部，说一辆飘着一杆大红旗的大卡车，载着几名中国人民志愿军人员，要去开城参加停战谈判。前一夜遇到的飞机扫射事件使我们很担心。尽管敌方保证说按照双边协议不

会攻击我们，但我们也知道，敌人经常不守信用。志愿军代表团总联络官柴成文上校的妻子有一次也是坐着插着一杆大红旗的吉普车从平壤去开城，也是预先通知了"联合国军"司令部，但还是受到了敌机袭击，致使其腿部受伤。如果这类事件发生了，我方就会要求在板门店召开一个紧急会议，双方就会互相指责。但据我所知，从来就不会有什么人真正认罪。

到达开城后，他们受到了志愿军停战谈判代表团的热烈欢迎。朱光亚很兴奋，从现在起他真正成为其中光荣的一员。这里，虽然不需要真枪实弹去冲锋杀敌，却也充满刀光剑影，需要纵横捭阖、斗智斗勇，不似战场胜似战场。在志愿军停战谈判代表团这个集体中，朱光亚以其出色的表现赢得了领导和同志们的赞誉。

## 不平静的山谷

板门店原是一个名不见经传的小村庄，稀稀拉拉的茅草屋，散落在田野间。只因被选作朝鲜停战谈判地，一下子成了举世瞩目的地方。

根据谈判双方达成的协议，规定以板门店会谈小屋为圆心，划半径1000码的圆形区为会场区；板门店南北两端通汶山和开城的公路沿线为双方通道区，两侧各200米范围内双方停止敌对

板门店停战谈判早期搭建的帐篷

活动；汶山城区和开城城区划为中立区，两中立区皆为圆形，半径3公里；双方飞机不得飞越会场区、通道区、中立区，会场区安全由双方军事警察负责。

汶山在板门店南侧约10公里处，是"联合国军"谈判代表团的驻地。开城在板门店北侧约10公里处，是志愿军谈判代表团的驻地。

开城是个不大的城市，由于遭受战火摧残，已是遍地瓦砾。志愿军停战谈判代表团的大多数同志，都住在开城郊外一个不远的山谷里。

冀朝铸回忆说：

这个山谷里有一块开出的地，搭起几间木制房子，当志愿军的秘书处。晚上我们睡在一条小溪对面的几间草房子里,是当地的贫农特意为我们腾出来的。这个地方正好在"三八线"上,气候和纽约、北京差不多,冬冷夏热,春秋两季比较舒适。但物质条件和这两个城市大不一样,办公的地方冬天有一个取暖的炉子,在贫农的草房里冬天什么取暖设备都没有,所以夜里我们虽穿着所有的衣服,还戴着棉帽子睡觉,耳朵还是会冻伤。冬天也根本不可能洗澡,只有当天气渐渐转暖后,才可以在附近的溪水里洗澡。

从早春到晚夏,草房里总有许多跳蚤和蚊子。我就开玩笑,管草房子叫跳蚤动物园,管那些一群一群的很大的蚊子叫美国的B-52轰炸机。所幸的是我们有蚊帐,能挡住"B-52"的轰炸,但不能挡跳蚤。尽管天气很热,我每晚睡觉时都把衬衣扣得紧紧的,披到裤腰带里,脚上还穿上长袜,为了避免手上被咬,连手上都套着袜子。但每天早上起来,我的脸和脖子还是被咬得发红。

**过家鼎也回忆说:**

我们一开始住在朝鲜老百姓的家里,办公室也设在朝鲜老百姓为我们腾出的房子里。朱光亚就和我住在一间屋子里,睡在一个大炕上。我们从北京来的人都不习惯,躺在炕上,总睡不好觉。后来,经安排,我们每人都改睡一张行军床。我和朱光亚仍然住一间房子。朱光亚曾对我说:

"小过，你晚上常说梦话，说的是英文。"其实，我是在梦中背诵所记的英文词汇。

不久，朱光亚收到了从国内寄来的第一封家书。在这封信里，妻子许慧君除了述说亲人的思念，还告诉了朱光亚一个噩耗，他的父亲朱懋功去世了。

拿着手中的家书，朱光亚来到屋外的山坡上，默默地望着远方的家乡，眼眶里凝结的泪花慢慢地流了下来。当天晚上，他在日记里写道："到朝鲜后，收到家里的第一封来信，就带给我父亲去世的消息。尽管很悲痛，但当时我仍能很快地克服自己的情绪，严格地要求自己，百倍地努力工作。"

在日记里，朱光亚还写道："初去开城参加工作时，是抱着临时思想的，以为工作三五个月就会回来的。由于工作性质的特殊，出国前的学习期间里，组织上未具体说明情况。到了朝鲜后，情况了解了一些，国际局势也急剧地起着变化，首先要求我们的就是建立长期思想，对于我来说，这也是严格的考验。"

刚到朝鲜，对朱光亚这些翻译人员来说，还不太适应硝烟弥漫的战场生活。开始，大家都比较紧张，经历多了，慢慢也就适应了。

过家鼎回忆说：

我们的代表团设在板门店附近双方协议的中立区内，一般来说，应该是比较安全的。我们的住所周围炮声隆隆，美国飞机经常在我们头上盘旋，在远处扔下炸弹。谈判开始时，美方曾一再违反协议，制造破坏谈判的事件，如在中立区内枪杀我军事警察和轰炸我代表团驻地。经我方坚持斗争和抗议，中立区内基本上能够保证安全。不过，我们要时刻保持警惕，加强各种安全措施。晚间实行灯火管制，我们要拉上防空窗帘，在微弱的灯光或烛光下工作到深夜。夏夜，尽管天气十分闷热，我们也不能拉开窗帘透气。有时，敌机深夜飞越我们的驻地上空。我们一听到空袭警报，就要抱着文件和公文包，跑到房后的防空洞里躲避一会儿，等警报解除后再出来继续睡觉或工作。开始时，我们对这样的生活环境和工作条件不太适应，但过了一段时间也就习惯了。天热了，晚饭后，夕阳西下，我们三三两两散步来到山顶，席地而坐，看着远处爆炸发出的火焰，意识到战斗还在激烈地进行，谈判尚需时日。

领导我方谈判代表团具体工作的负责人，是毛泽东、周恩来亲点的两位战将：李克农、乔冠华。李克农时任外交部副部长、军委情报部部长；乔冠华时任外交部外交政策委员会副主任兼国际新闻局局长。两人都是才华横溢，智谋过人。出于安全和保密考虑，李克农代号101，又名李队长；乔冠华代号102，又名乔指导员。

朱光亚在5月2日的日记里写道："李队长找赵、钱、谢和我去谈话，由老齐引导。他很关心我们的情况，关于目前的局势，他也说了很多。"赵，即赵诏熊，清华大学教授；钱，即钱学熙，北京大学教授。

过家鼎的回忆文章中也写道："领导停战谈判的李克农同志（被称为'李队长'）和乔冠华同志（被称为'乔指导员'）经常来看望我们这些知识分子，特别是清华和北大的两位老教授（赵诏熊和钱学熙）及朱光亚博士。"

重视和发挥知识分子的作用是党的优良传统。朱光亚在谈判代表团里的具体职务是外文秘书兼高级译员。其主要工作是搞笔译，负责将代表团秘书处起草的中文发言稿译成英文，并负责会议记录的档案整理。同时，根据需要担任谈判现场中方高级译员。

过家鼎回忆说：

> 我们的任务主要是搞笔译，就是将秘书处起草的发言稿由中文译成英文，由朝方同志译成朝文。这些稿子大部分都在谈判中使用，与对方（"联合国军"方面，实际上是美方）谈判时，我方的发言由朝中方面的首席代表南日大将用朝文念出，接着念出译好的英文。我和冀朝铸等人经常去板门店出席会议，因为我们还要负责速记美方的发言。朱光亚等同志则在开城总部，除了负责发言稿的翻译外，还要将报务员所听记下来的外文电讯译成中文，并用复写纸刻写数份供领导参阅。朱光亚同志还负责将板门店谈判开始以来的会议记录整理归档。我们和他一起工作时，他把我们口诵的内

容——记录下来，整理成通顺的文字并进行归档，不仅可供领导阅读，而且成为历史档案。这项工作是十分烦琐的，但他对待工作的态度认真负责，从不懈怠，周围激烈的战火激励着他更加发奋努力。他思维清晰，逻辑性强，沉静睿智，谦虚谨慎，给我留下深刻印象。虽然他是一位副教授，与我们刚出校门的学生不一样，但他从不要求特殊待遇。我们只知道他是一位留学归来的物理学博士，哪曾想他胸怀大志，日后为振兴中国的核物理学事业作出了贡献。

朱光亚在谈判代表团的工作受到了领导和同事的好评。据有关档案记载，1952年12月20日召开的翻译小组民主生活会上，大家对朱光亚的基本评价是：

> 重视政治学习，积极要求进步，能够把革命利益放在个人利益之上；
> 工作一贯认真负责，思想周密，并且有计划性；
> 胸襟坦荡，对自己要求严格，注意接受同志们的批评；
> 虽然是学物理的，翻译不是本行，但能刻苦钻研，提高业务能力，获良好成绩。

## 高水平的翻译

朱光亚是北京大学物理系教授，在美国攻读的又是核物理专业，虽说英语水平比较高，但要搞英语翻译，毕竟隔行如隔山，不是一件容易的事。特别是在朝鲜停战谈判这样的国际斗争场合，稍有不慎，就会酿成大祸。

曾在联合国工作的外交干部杨冠群，当年也在中国人民志愿军停战谈判代表团工作。他在1999年第18期《世界知识》杂志上发表了一篇文章，回忆了当年朝鲜停战谈判时有关翻译工作的一些情况：

> 朝鲜停战谈判一开始就面临一些棘手的技术安排问题。
>
> 首先是地点问题。谈判要有个地方，哪怕有顶帐篷，也可挡风遮雨。还要有桌椅、照明、供暖等设备。至于桌椅如何摆法，双方如何进出，联络官们也要费不少口舌。
>
> 其次是语言问题。谈判双方分别是美国与朝鲜和中国。经过协商，双方同意在大会上仅用英语和朝语，在谈判桌上，仅摆联合国旗和朝鲜国旗。
>
> 同语言紧密相连的是记录问题。一般，国际会议都有秘书处，负责会议行政安排，包括会议记录。当时双方敌意正浓，朝中方面无意同美国人搞什么"联合秘书处"。在那个年代里，电子设备还不普遍，也排除了使用录音机的可能。这就是说，双方各自记录，而且只能用人工。
>
> 停战谈判的斗争十分尖锐，双方的字字句句都要仔细琢磨。我们的对手是美国人，而且美方的朝语翻译也不足信，因此朝中方面决定会上主要记英语，且要逐字记录，

以求精确和完整。特别是掌握谈判过程的朝中领导人都没有参加现场谈判，因此，记录就显得更重要了。

做英文逐字记录就要有英文速记员。对美国人来说，英文速记员俯拾即是。可我们一时去哪里找呢？考虑再三，唯一的出路是自己培养。于是，设法从上海买到几本翻印的英文速记书。不少懂英语的年轻同志便兴致勃勃地学了起来。

美国速记员几个人轮流作业，十分钟换一次班。回去休息时，即把速记符号转成文字。散会时，全部记录基本就绪。我方则是二人同记，由于技术一时不过关，只能普通字与速记符号并用，还需利用朝语发言或翻译的间隙补遗。这样，记完一次时间较长的会议，已头昏脑涨。回来还须相互核对记录内容，以求精确，若是对不出来，再找参加会议的翻译和参谋助一臂之力。

朱光亚是从事物理教学的，身上具有科研人员的特质，为了做好英语翻译工作，他细心观察，善于总结，让翻译工作上了一个层次。

在朱光亚的朝鲜战地日记里，1952年5月14日那天，专门记述了他对做好翻译和记录工作的思考：

**五月十四日　翻译与记录的经验**

只有一些零碎的经验。应注意的原则有四条：（一）重视我们的工作,认识工作的严重性、严肃性及重要性。(二)工作中的纪律性,必须严格遵守纪律,要忠实地、客观地记录或传达,不得有任何超出范围的行动。一般地说,不与对方人员随便交往,随便讲话。如对方讲话太快,或对方翻译错了,则一般地须提请代表提出,要求对方重复或再翻译。我们只是代表的助手。(三)克服主观主义。我们身为知识分子,有一技之长,常常自以为是,主观。犯错误多半是由此而来。例如,我方代表发言,究竟听清楚没有,如果未懂而装懂则错误。如稍有犹豫,即需发问。又如,记录对方讲话是不是有任何暗示,不要主观来猜测,仔细听其原文,再听其中文或朝文翻译,回来再与旁的同志对正。有时是因为能力不够,但往往是主观。有时也可以由新闻报道来对。最严重的则为,主观以为代表的话讲得不漂亮或不恰当,自己加以更改,这样不但违反纪律,而且违反工作真实性。宁可问一下,或与别人的对正一下。(四)密切地团结朝方,诚恳地帮助他们。朝方人力较缺乏,要学习国际主义的精神,克服自高自大。

工作一般情况:(一)笔译。大会的笔译工作,事先准备好一些发言稿,有一些一定要用的,有一些可能用的,多半在半夜内写出,我们由中(朝)文翻成英文,一早准备好。早上领导同志有民主讨论会,可能改稿,这样工作即忙,容易出错。有些文件,有时可以慢慢译。从容地翻译,要注意:①熟悉情况,联系历史、联系左右。

过去如何讲,现在不会别开生面、另来一套,使文字漂亮如带有个人风格,如文学作品,但这是不必需的。例如:不能允许的,impermissible。又如,交换俘虏,敌人用exchange商业字,我们就不用,用"交接站"recephon and delivery,则不是换,不是一对一的。若用exchange,则跟敌人走。又例如,军分线的三十天的期限,我们的观点是第二项议程讨论内即确定,以后要改即为revise,不用modify,或adjust,是指现在就肯定,即或以后修正时可能全改,但就法律眼光来说,是revise。又例如,"朝鲜谈判是朝鲜问题和平解决的第一步",这"一步"是指整个问题中的"一步",即of,而用lswand,则分为两段。以上是"立异"。此外是"求同",如"替换"replacement,"补充"replenishment,是立异。"求同",则如对方有提案,我们提出对案,则小的地方可以用敌人的字、措辞。翻时要参考我方中文提案,对方英文原提案,及其中文译稿,三件对看。②翻译要忠实,原文如何,过去如何翻的,都要忠实。不要换过去用过的。甚至对于句子的结构、分段都保持原文形式。为什么?因为有三个文字,大会中念朝文,念到一句断了,而翻时念到这里还未断,则不好。③一大部分有规律可循,但时有新字,则必须慎重,用一字轻重是否恰当。一般来讲,笔译工作都是集体创作,有问题则提请领导同志考虑。宁可慎重一些。尤其是中文成语,四六句,不好翻,则将英文句子意义说给领导同志考虑。④要清晰，清楚，不可能发生误解。至于临时改，则比较麻烦一些，重要的是细心、耐心、镇静，要校对。越是逼得紧，越是容易出错。外国文字翻成中文，易犯的毛病是，翻成的不像中文，但一般地需使其像中国话，使领导同志能够了解。（二）口译。要有自信，要胆大心细。可以慢一点，或者把领导同志的话写下来，想一想，再翻。不要性急。事先做一些准备工作，了解一下过去历史，讨论的问题，过去用过什么字，等等，先有些了解。领导发言时，先作记录，记录时抓要点。翻译时附带作记录。要练习记录。口语，不如笔译要求那么严格。此外，还要替敌人作翻译，敌人的翻译是不可靠的，很差。会场中英文是主要文字，敌人依靠的就是我们的英文。敌人的发言，我们至少要摘要地翻给领导同志听。或者是作修正，说明美国人发言原意。人多可以分工，否则一人兼作。但思想上要警惕，即认为英文重要，认为英文为主要语言，但思想上要认识是朝、中文为主。口译，另外一方面仍旧要谨慎，尽可能避免改。改一些文字上的东西，不改也可以。重要的关键讲错了，再改，很难堪的。但重要的，真错了，可一定要改，不仅是文字上的错，是关键的错，当时发现当时改，事后发现事后改，可以找对方的记录。有时，话短，气势汹汹，就要快，代表讲一句，就翻一句，要胆大。情绪上，是立场，要有足够的认识、足够的感情，与代表感情融合起来。要随时摸索代表谈判的气氛，婉转、决断、发脾气、笑嘻嘻等。一般地，是严肃的，不带任何表情的。（三）记录。敌人只记英文，而且是机械化的。日子久一些，学一点速记。原则：讲什么文，记什么文，回来再整理、再翻译。自成一派，搞一些象形文字，记下一套成语。最关键的字一定要记下来，动词、形容词一般讲都比较重要。若记漏了，可以参考一下对方的中（朝）文翻译。不要有依赖心理，尽可能把自己的一份搞得最完整。敌方发言中的方案或论点可以会后要原稿，但若是谩骂，则不要。我们通常只给未改过的方案、发言稿。回来后的整理过程中等于做一次翻译工作。记录整理时，要注意标点、如何分段，加引号是引用的话。记录时要眼观八方，对方有无表情，发言是打字稿上念出来的，是铅笔稿，铅笔稿是谁送进来的，可以了解一些内部的情况。甚至于注意对方是不是带来一些准备好的东西未拿出来。记录要建立一规定的格式，时间、休会、出席人、来往的人等。要养成习惯。要完整，有头有尾。其次要正确，不要太欧化，要像中文，而且要清晰。口语中真正多余的、累赘的，翻成中文时可以去掉。会场口译，有时参谋发言，也要作笔译。翻译，要作记录，也要作情报工作。此外，翻译还要配合宣传斗争。翻译人员要特别注意保密；如不与对方交往，对方对发言要求解释，不应解释；若有修改，可提醒领导同志不给对方；不要丢掉东西在会场；念修改稿不要让对方知道。

这让人不甚赞叹！一篇日记，两千来字，却犹如一篇研究战地翻译工作的论文，非常有价值。

## 博弈在文武场

朝鲜停战谈判，并不是简单地坐而论道，而是中美双方政治、外交、军事的激烈博弈。

主持我方停战谈判的李克农、乔冠华没有公开露面，只是在幕后领导。公开出席谈判的中朝方面代表团由5人组成，首席代表为朝鲜人民军南日大将，朝方谈判代表为李相朝、张平山，代表朝鲜人民军；中方谈判代表为邓华（后由中国驻苏联大使馆武官边章五接替）、解方，代表中国人民志愿军。邓华时任志愿军第一副司令，解方时任志愿军参谋长。

美方及"联合国军"、韩国的谈判代表也为5人，首席代表是美国远东海军司令官乔埃中将，另四人为：美第八集团军副参谋长霍治少将，代表美第八集团军；美远东空军副司令克雷奇少将，代表"联合国空军"；美远东海军副参谋长勃克少将，代表美国海军；韩国第一军军长白善烨少将，代表韩国军方。

双方谈判的第一项内容，就是划定军事分界线。中朝方要求以原来的三八线为军事分界线，实现停战；美韩方则要求以两军的实际接触线为军事分界线，这条分界线在三八线以北，最近处距三八线38公里，最远处距三八线53公里。

双方互不退让，对峙了20多天。后来，中方代表团在李克农、乔冠华的主持下，经过认真分析，认为虽然美军在三八线以北占了1.2万多平方公里土地，但我方也在三八线以南，占了开城、延安半岛、瓮津半岛及沿海数十座岛屿，总面积亦近1万平方公里，为了早日实现和平，可以同意以现有军事接触线为军事分界线。此意见报毛泽东、金日成后得到批准。

中朝方的诚意，赢得了国际舆论的好评，认为中国和朝鲜是真诚希望和平。1951年11月22日，谈判双方就以现有军事接触线为停战线达成了原则协议。

接下来，双方就战俘交换进行谈判。这项谈判，谈了几个月都没有结果。朱光亚参加停战谈判时，战俘交换是最重要的谈判议题。

根据1929年缔结的《日内瓦公约》，战争结束或达成停火后须遣返全部战俘。1949年修订后的《日内瓦公约》，又加入了要求尽快遣返战俘的内容。

美国是1949年修订《日内瓦公约》的签字国，但美国国会在朝鲜战争结束后才批准此公约。中华人民共和国和朝鲜当时都不是《日内瓦公约》签字国。朝鲜战争爆发后，美国、中国、朝鲜都宣布将遵守《日内瓦公约》。因此，尽管《日内瓦公约》对朝鲜战争双方都没有法律约束力，但由于双方都声明遵守该公约，战俘遣返问题似乎不应该成为停战谈判的障碍。

然而，由于美国的无理刁难，不应该成问题的问题，却迟迟谈不下去。

朱光亚在5月12日的日记里这样写道:"战俘的安排问题。按照国际惯例,双方收容的战俘,在停战后一定时期内送还对方。本身应不存在什么问题,只是一些技术上的问题,但至今谈了五个多月,原则问题仍未解决。"

因此,这场停战谈判,开始时双方唇枪舌剑,互不相让;后来就一言不发,沉默僵持。

一言不发是美方制定的"战术"。柴成文(志愿军朝鲜停战谈判代表团秘书长——作者注)、赵勇田所著《板门店谈判》一书中写道:

> 这是(美方首席代表)有意安排的一种"战术",以表示他们顽强坚决的态度。他的助手们也一个个抽烟,不抽烟的,有的用笔在写着或画着什么,有的抬着头望着我方,似乎在说"看你们怎么办?"我们的代表都很沉着,邓华和解方、张平山都不抽烟,只是静静地坐着,李相朝低着头用红色铅笔在画什么。

> 一分钟,两分钟,一小时,两小时过去了,时间越长,对方的口越是张不开,自然随着时间的推移,他就更无法打破僵局了,无可奈何只好任凭它沉默下去。

> 在"静默"将近一小时的时候,坐在参谋席位上的柴成文,按照分工轻轻地离开了会场,回到离会场仅有百米之远的"工作队"的"前指"(这是李克农为及时了解会场情况临时在那里工作的一间民房,同时在那里的还有乔冠

华和中朝文翻译安孝相)向李队长作了汇报。李克农听了以后说,就这样"坐"下去。柴成文回到会场后写了"坐下去"三个字交给解方,他看了看顺手传给了邓华、南日、李相朝和张平山。

这场"静坐",一直僵持了132分钟,最后,对方不得不提出"我建议休会,明天上午10时继续开会"。

朱光亚原本不会抽烟,在谈判"静坐"中学会了,而且学会了吐烟圈的技术。

朱明远在《我们的父亲朱光亚》一书中这样描述道:

> 由于谈判陷入了僵持阶段,久而久之,双方都练出了耐心和坐功,甚至需要忍受较长时间的沉默。这里有一个插曲,就是由于双方在保持沉默时都是一言不发,中方人员看着美国人一支接着一支地吸烟、一口接着一口地吐烟圈,于是也相互递烟,父亲也就是在此时学会了抽烟和吐烟圈。父亲后来回国后,一直保留了抽烟的习惯。有一次,在核武器研究院开会,当会议中间短暂休会时,父亲抽空点燃一根烟,并吐出一连串又圆又大的烟圈,令在一旁看到此景的青年技术员禁不住好奇地问父亲,怎么会有这样高的吐烟圈技巧。父亲不禁哑然一笑,幽默地告诉他说:这还要归功于板门店谈判。当时中、朝代表与美国佬谈判,常常是双方一言不发,你看着我,我看着你,静坐一两个

小时后，宣布下一次开会的时间就散会了。为了打发时间，我就学会了抽烟。美国佬从鼻子里喷烟，还从嘴里吐烟圈出来。我们的代表也如此对之，而且吐的烟圈一次比一次多、一次比一次大，停战谈判成了吐烟圈比赛。美国佬谈判谈不过我们，吐烟圈也吐不过我们呀！

对谈判过程中发生的斗争，朱光亚在1952年6月20日的日记里写道：

> 不要寄托在希望与幻想上。①自力更生。战场上与会场上。战场上力量的增长，会场上，理直气壮与理屈词穷，说理与组织力量。②依靠人民的力量。③争取中间。④分化敌人。坚持原则，耐心说理；留有余地，见机而行。

果不其然，眼见谈判桌上"文斗"不行，美方又捡起了"武斗"的大棒，再次对朝鲜境内实施大轰炸，并对我方阵线展开地面进攻。著名的上甘岭战役就发生在这期间。

上甘岭，面积约3.7平方公里，位于中国人民志愿军中部战线战略要点五圣山（金化以北）南麓，阵地突出，直接威胁着美军金化防线。如果上甘岭失守，我军整个中部战线便有全线崩溃的危险。

美国为了争夺这块战略要点，调集了美军第9军1个师、李承晚军2个师、"联合国军"2个营以及18个炮兵营、1个坦克营又5个坦克连，共计6万余兵力，大炮300余门，坦克170多辆，出动飞机3000多架次，对上甘岭阵地持续发起攻击，共倾泻炮弹190余万发，炸弹5000余枚。

防守上甘岭的只是志愿军的两个加强连。在266门大口径火炮协同下，他们以坑道为防御依托，英勇顽强地抗击敌军疯狂地进攻。阵地丢失了，重新夺回来；前沿守军部队打没了，后援部队前赴后继。

上甘岭战役前后历时43天，志愿军先后参战部队达4万余人。战斗激烈程度惊天地泣鬼神，为前所罕见。在敌军的狂轰滥炸下，上甘岭两个连阵地的山头被削低两米，成为一片焦土，但依然如钢铁般稳固。最终，这次战役，以中国人民志愿军取得辉煌胜利宣告结束。

据官方公布的统计资料，在上甘岭战役中，志愿军将士阵亡7100余人、伤8500余人，共计伤亡15600余人；美、韩为主的"联合国军"共计伤亡25000余人。志愿军击落、击伤敌飞机270余架，击毁坦克14辆，击毁、击伤大口径火炮61门，创造了世界军事史上的奇迹。

美军陆军第二步兵师5117团上校指挥官约翰·马丁，在后来回忆朝鲜战争时这样写道：

> 在朝鲜的这段时间里，我终于懂得了什么是真的无法战胜！
>
> 我参加的太平洋战争中，与日本军队交手，已经不

是一次的事情了。日本军队的进攻与防御，虽然表面上看似十分凶猛，实际上却是一种无助的歇斯底里的最后发作！

而在朝鲜战争时期，我看到了另外一支完全不同的亚洲军队——中国人民志愿军。这是一支依靠"精神力量"的武装，一次又一次挫败美国将军们制定的"宏伟计划"。他们难以对抗，兼顾了"无畏与鲁莽"的特征；装备很差，大多数都是"二战"时期日本军队遗留的武器，到后期才装备了约13个师的苏式装备。然而，对比日本军队，他们却是一支具有强悍冲杀力量的队伍。日本军队所具备的一切，中国军队完全具备；而日本军队不具备的，却正好是中国军队最难以征服的特性。

……

在这次战争中，我们品尝了"耻辱"的味道。麦克阿瑟的确是一位出色的将领，但是，他把与日本人作战所获得的经验与见识，运用到中国人身上，这是极端错误的。日本军队不能与中国军队比较，前者是在一种近乎疯狂自杀的理念驱使下的作战，他们无所谓战术和装备，只要敢于自杀就可以。但后者则是为了体现自己的战术价值而去拼杀，虽然他们的伤亡很大，但是，能够在极端落伍的装备下击溃一支完全进入"装甲合成化"理念的世界军队，这对于他们来说可能更加"荣耀"。

板门店停战谈判会议现场

美国终于知道了,在谈判桌上得不到的,在战场上也不可能得到。由于美国无限期拖延,朝鲜停战谈判处于停滞状态。基于此,中国谈判代表团领导决定,先将一部分同志撤回国内待命。

1953年1月,朱光亚等人奉命回国。

# 第六章

# 师道楷模

## 穿军装的帅哥

1953年1月,奉命回国的朝鲜停战谈判代表团部分成员乘坐火车回到北京时,外交部领导亲自到车站迎接。

美丽的鲜花,鲜艳的红旗,热烈的掌声,欢迎着这些特殊的志愿军将士们胜利归来。

而他们当中却没有朱光亚。此时,征衣未洗的他,正独自一人在沈阳站下车,身穿棉军大衣,肩挎行囊,手提书箱,登上了一辆北去的列车,前往新的目的地——长春。

临回国前,朱光亚接到教育部命令,赶赴新组建的东北人民大学报到。东北人民大学,即现在的吉林大学,位于吉林省长春市。

1952年10月，为适应大规模的有计划的社会主义建设需要，改变旧中国学校设置和分布的不合理，党中央、国务院决定在全国范围内对高等院校进行院系调整。

东北是新中国重要的工业基地。根据中央的统一规划，决定将原先属于财经、政法性质的东北人民大学，改建为一所综合性大学，文科调整为中文、历史、法律、经济、俄文5个系，增设理科（含数学、物理、化学三个系）。其中，理科三个系是白手起家，从零开始。据吉林大学物理系系史记载，根据《关于全国高等学校1952年的调整设置方案》确定东北人民大学要建立物理系时，全校600多名教师中，没有1人是学物理专业的，建立物理系所需的实验仪器、图书资料、实验室也一概没有。

东北人民大学是新中国成立后创建的第一所综合性大学，也是东北地区唯一的综合性大学，党中央、国务院对此十分重视。教育部从北京大学、清华大学、燕京大学、北京师大、辅仁大学、大连工学院、东北工学院等知名高校选调了一大批专家学者到东北人民大学任教。朱光亚、许慧君夫妇也在其中。

许慧君在化学系任教。朱光亚是作为教学骨干被选调的，东北人民政府教育部任命他为东北人民大学物理系代主任、教授。

当时，东北人民大学物理系共有6名教授、3名副教授、3名讲师以及12位助教，全部是从其他高校选调而来。朱光亚时年28岁，是最年轻的教授。

新组建的东北人大物理系的师资力量，在全国当时算是很强的。要知道，当时的北京大学物理系也总共只有10名教授、副教授，而东北人民大学的教授、副教授达到了9人。这一方面说明教育部对创建东北人民大学的重视，另一方面也说明新中国之初，高级物理人才奇缺。

据《吉大物理系发展概要（第一卷）》记载：1952年10月23日，根据东北人民政府教育部的任命，学校公布余瑞璜为物理系主任；朱光亚为代系主任。

参与该《概要》编写工作的邵炳珠介绍："'代系主任'一职，并不是系主任外出时，临时代理系主任工作。因为当时没有系副主任编制，朱光亚是以代系主任的名义，履行系副主任职责。"

截至1952年11月，除朱光亚外，东北人民大学物理系教师全部到位。虽然朱光亚还没有报到，但全校当时已经传开，未到任的物理系代主任是一位从朝鲜战场归来的志愿军将士。可以说，人未到，盛名已在外。

许慧君接到调令后，顾不上等朱光亚归国，就带着幼儿和简单的行李来到了长春。那个年代，只要是国家需要和组织调动，都会毫不犹豫选择服从，绝不讨价还价。

朱光亚11月22日的日记里写道："十一月十二日慧君写的信，已经是由长春寄出的，她什么时候到长春的呢？我十一月二十二日收到这封信。"

朱光亚乘坐的火车到达长春时，物理系、化学系的党支部书记和许慧君前往车站迎接。

吉林大学原副校长温希凡,当时任物理系秘书兼系党支部书记。他回忆说:

> 朱先生从朝鲜回到长春时,是我去火车站接的,一同去接站的,还有朱先生的夫人和化学系的党支部书记。
>
> 朱先生从车厢走下来时,给我的第一印象,用今天的话说,就是一个"大帅哥"。高高的个子,身着志愿军的军装,外套一件黄色的棉军大衣,仪表堂堂,又温文尔雅,帅极了!

朝鲜归来的朱光亚怀抱女儿朱明燕在东北人大住所阳台

吉林大学原副校长丁肇忠教授,当年是朱光亚的学生。他回忆说:

> 当时听说我们系的朱老师,是从朝鲜战场上归来的,大家都非常崇拜。朱老师讲课讲得很好,我们很喜欢听。上课的时候,朱老师穿着一身志愿军的军装,很帅的。我们都想听朱老师讲讲他在朝鲜战场上的经历,有的同学提出了这个要求,朱老师没有讲,他是个很谦虚的人,但他给我们唱了《金日成将军之歌》。

从朝鲜战场归来的志愿军将士,用今天的话说,是全国人民最崇拜的"大众明星"。

1951年4月11日,《人民日报》发表了作家魏巍撰写的报告文学《谁是最可爱的人》。魏巍饱含深情地报道了抗美援朝战场上,中国人民志愿军战士可歌可泣、惊天动地的英雄事迹。

《谁是最可爱的人》发表后,在全国人民中激起了强烈的共

朱光亚在朝鲜停战谈判期间使用过的搪瓷口杯

鸣。"最可爱的人"成为中国人民志愿军的代名词，影响了几代人。以至于今天，我们也充满感情地把中国人民解放军将士称之为新时代"最可爱的人"。

毛泽东读了《谁是最可爱的人》后批示："印发全军。"

朱德读后连声称赞："写得好！很好！"

周恩来在1953年第二次文代会上讲话时，竟推开了讲稿，对着话筒大声说："在座的谁是魏巍同志，今天来了没有？请站起来，我要认识一下这位朋友，我感谢你为我们子弟兵取了'最可爱的人'这样一个称号。"

可以想象，当穿着志愿军军装的朱光亚走进东北人民大学校园时，会引起怎样的轰动？朱光亚是东北人民大学第一个从朝鲜战场上归来的人，在大家的眼里，他就是一个最可爱的人。

## 深受学生喜爱

朱光亚到任后不久，作为代系主任的他，又被任命为物理系普通物理教研室主任。虽然一身兼两职，但朱光亚把主要的工作精力放在了教学上，主讲物理学基础课，课程主要是普通物理学、热学、原子物理，并负责指导学生的毕业论文。

新中国成立初期，各条战线需要大量的社会主义建设人才。为此，高校扩大了招生，一大批学生进入高校。其中，有考试录取的，也有保送入学的。据东北人民大学物理系档案记载，1953年入学该系的新生141名，1954年入学新生就增加到了

215名。

由于新生来源的差异,学生的基础知识参差不齐,课堂教学比较困难。朱光亚在日常教学之外,特意安排了一个答疑时间,对学生进行有针对性的辅导。

当年撰写《我们热爱朱老师》一文的潘守甫,现吉林大学教授,他回忆说:

> 朱老师一周给我们安排两小时个别答疑时间,多在星期五晚上7点到9点。去答疑的同学特别多,但朱老师总是仔细回答,耐心讲解,直到同学满意为止。但因问的同学太多,每次答疑都拖得很晚才能结束,经常是到了晚上11点多钟。朱老师家离教学楼有两站多地,每次答疑结束,班干部都要送朱老师回家,他总是不同意,实在不行,就离开他一段距离,尾随他回家。当时,同学们都很感动。
>
> 每过一个月左右,朱老师都要借上习题课机会,用一节课时间作一次测验小考。考卷他拿回家批改。测验的目的是了解这一段教学过程,有哪些重要知识没掌握好,然后,就把多数同学测验中出现的"通病"拿出来作分析,找出犯错的原因,告诉大家该如何正确解决,对同学们帮助很大。个别同学犯的错,朱老师就在考卷上用红色钢笔一一指明犯了什么错,正确的结果是什么,并告知为什么会犯此错。所以,每次小考大家都有收获。

1955年4月30日,《东北人大》第4版刊登了东北人民大学物理系学生潘守甫撰写的文章《我们热爱朱老师》

中国科学院院士、四川材料研究所原总工程师宋家树,当年也是朱光亚的学生。他回忆说:

东北人民大学物理系53级学生听朱光亚讲授普通物理学课程

朱先生是我最敬重的老师。1953年，我是东北人大物理系三年级学生，对朱先生讲授的原子物理很感兴趣。他不仅讲课，还亲自上习题课、辅导答疑、批改作业、测验考试。他为了给学生作辅导答疑，时常工作到很晚。他还印制了"答疑卡片"，学生可以把问题写在卡片上，交由老师作书面回答。许多同学至今保留着当年朱先生给他们的答疑卡片。

1953年入学的新生中，有一位名叫刘家政的女生。她也是志愿军回国战士，经过短期的文化课集训，然后考入东北人民大学的。对这些学生，入学的录取分数有一定的照顾，因此，基础知识相对薄弱。

刘家政回忆说，当她在阶梯教室上第一堂普通物理课时，看到穿着志愿军军装，肩上挎着一个小黄布军挎包，有着高高的鼻梁，两眼炯炯有神，面带微笑的年轻教授走上讲台，教室里立即就安静了下来，大家都用崇敬的目光望着他。旁边的同学悄悄地告诉她，他就是从朝鲜战场回来的朱光亚教授，她一下子就感到特别亲切。

同样，对这位来自志愿军的女学生战友，朱光亚也有一种特别的亲切感。由于刘家政数理化基础知识底子差，上课听讲能力比较弱，一堂课下来，能听懂20%就算好的了。朱光亚就特意安排一位助教对她进行重点辅导，并指定班里学习成绩最好的一位男生来帮助她。在上晚自习课时，朱光亚也经常到她的小班里，给予具体的指导。不久，她的学习走上了轨道，成绩逐步提高。她回忆说：

> 有一次期末考试，首先是口试，题目是《用唯物论和唯心论的观点谈热素论》。面对一排正襟危坐的老师，刚开始我有些紧张，当看到朱老师给我投来鼓励的目光，我立即平静了下来，最后得了个满分。
> 
> 紧接着是笔试，题目是《单摆定律》，我很快就把公式列出来了。这时，朱老师正好走到我的座位边，看了我列出的公式，很高兴，就拿起笔在我卷子的右上角快速地打

了个5分，当时采用5分制。

我站起来，轻轻地对朱老师说："朱老师，您先别给我打分，我怕计算不好。"

"你把公式都列出来了，难道还算不出来吗？用计算尺呀。"朱老师有些惊讶地望着我。

我不好意思地对朱老师说："计算尺我还没有学会，我用笔算，一定把它算出来！"

然后我就算了起来。一页纸一页纸地算，草稿纸算了一大摞，可每次算出的结果都不同。一小时过去了，两小时过去了，同学们都交卷走了，都到吃午饭的时间了，我还在算。

"怎么样？还没算出来啊？"冷不丁一个声音吓了我一跳，抬头一看，是朱老师，他连午饭都没有去吃，就一直守着我。我当时既感动又羞愧，泪水登时就流了下来。

朱老师鼓励我坚持算下去，终于我将正确的答案交到了朱老师手上。

朱老师语重心长地对我说："物理这门科学和数学有着紧密的关系，一个小数点错位就差十万八千里。你聪明，也非常努力，但你的计算能力这么差是我没有想到的。如果都像你这样蜗牛似的计算速度，我们国家的建设何时搞上去？你要尽快把数学赶上去！尽快把计算尺学会！"

我当时像战士一样，立正，向朱老师行了一个军礼，说："报告首长，坚决完成任务！"

这时，朱老师拿起笔，把原来的5分画去，改为4分，稍顿，又在"4"字的右上角添了个加号。

朱老师说："给你这个加号，是因为你的诚实和坚持不懈的精神。科学来不得半点儿虚假和懈怠。"

朱老师关心学生、平易近人、严谨而又风趣的教学风范，我终生难忘，受益匪浅。

曾任北京大学校长、国家自然科学基金委员会主任陈佳洱，当年也是朱光亚在东北人民大学时的学生。在朱光亚80岁生日时，他满怀深情地撰写了一篇题为《我心中永远的老师》的文章，表达了他对朱光亚的敬爱：

朱光亚（左）与陈佳洱院士亲切交谈

朱光亚先生是我国"两弹一星"的著名元勋，也是我国核科学教育事业的一代宗师。我这辈子因有幸成为朱光亚老师的学生而感到幸福和自豪。

1952年因院系调整，我由大连理工大学转到吉林大学即当时的东北人民大学上大学三年级。1953年，光亚老师教我们年级原子物理，接着又于1954年指导我做毕业论文。1955年我由吉大调入北京大学物理教研室工作，又是在朱老师的指导下逐步走上原子能科技教育事业的道路。

我记得刚转入吉林大学时，当时学校正处于创建的早期。国家从北京大学、清华大学调入一批很有实力的物理学专家教授，创建东北人民大学物理系，光亚老师就是其中的一位。

那时，同学们都听说他是从北京大学来的原子核物理专家，是系里当时最年轻的教授，又是全国青联委员，而且曾作为中国人民志愿军英文翻译参加举世闻名的板门店朝鲜停战谈判，为国家立下了功勋。所以在班上同学们眼里，他是我们一心想学习的又红又专的榜样。同学们都怀着十分尊敬和诚挚的心情来聆听他给我们开的原子物理课程。

当时的物理系因处于初创期，老师的教学任务都是十分繁重的。尤其是光亚老师，不仅要给我们讲原子物理课，还要亲自编写讲义、上辅导课并为我们答疑，同时还要担任一年级的力学和热学课的全套教学任务。面对这么繁重的任务，他夜以继日，全力以赴，倾心教学，忘我工作。他虽然在科学上有很高的造诣，但是为了给我们讲好一堂课，往往要精心准备一个礼拜。所以每一堂课，他都讲得那么透彻精彩，板书又写得工整飘洒。

听他的课程真是一种享受，比听其他什么都更吸引人。例如，他给我们讲量子论时，从一些历史背景娓娓道来，引导学生跟着他思考历史上提出过的种种问题，比如：什么是黑体辐射，原有理论和实验之间出现了哪些矛盾，当时提出了哪些假设，普朗克是如何思考的，他提出的量子论能解决什么问题，当时遭到哪些反对等。这种启发式的教学引得课堂上高潮迭起，学生们都听得入神了。

光亚老师不仅课讲得好，而且教学工作做得非常深入细致。他在课后总要亲自到班上来，鼓励同学们提问。他对每一个问题，都听得十分认真，有时甚至用符号把学生提问的要点记在黑板的边上，然后逐一讲解。为了帮助学生把握正确的思路和学习方法，他还常常反问学生，或评点学生的提问。总之，光亚老师不仅悉心向我们传授科学的知识，还十分注重教我们怎么思考，怎么学习。因此他的课给了我极为深刻的印象，影响深远，终身受用。

光亚老师热爱教育，热爱学生。记得在带我做《盖格—缪勒粒子计数管》的毕业论文时，需要用很细的钨丝，

1953年7月,朱光亚在东北人民大学对学生陈佳洱(左)进行原子物理学课程口试

还有一些特殊真空封胶等,当时这些国内都没有,为保证我能做好论文,就把他从美国带回来的很珍稀的材料,都拿来给了我。为了教育和培养好学生,他什么都可以拿出来,这种奉献精神是我一生不能忘怀的。

光亚老师治学十分严谨,在他面前,容不得半点差错。记得在带我做毕业论文时,他不仅要求我每隔一定时期报告工作进展,还要把阅读文献的笔记交上去,由他审阅批改。他看得很细,有不少我因粗心写错的符号或错误理解的意思,他都划上红线,帮助我纠正过来。

当我进入论文实验阶段,他更是常来检查有关实验的状况和实验记录数据,或不时仔细看我的操作,在那双锐利的目光面前，任何差错或疏漏都逃不过。我也常常因而看到自己的许多不足而加倍努力地学习。正是在他言传身教下，我在学习如何治学的道路上得到了较大进步。

光亚老师虽然看上去表情很严肃，但他为人十分和蔼。对学生不仅关心他们的学习，也关心他们的思想进步和成长。我们班上或系里团总支组织的一些活动，如学习劳动模范王崇伦等，只要请他，他常常是有求必应。活动中他总是有说有笑地与我们打成一片，风趣地用他自己的阅历和故事为我们指点迷津。

……

光亚老师在为人、治学、处事等方面树立的光辉榜样是我一辈子都学不完的，他永远是我心中严谨、和蔼可亲的老师！

## 百花开才是春

一花独秀不是春，万紫千红春满园。

朱光亚的教学虽然深受学生喜爱，但以青年教师为主体的助教队伍，教学基础还是很薄弱，作为物理系代主任的朱光亚心中甚是焦虑。

1953年8月1日，在他主持撰写的《关于培养青年教师工作的总结》中，对青年教师的培养工作进行了认真细致的分析："物理系共有教师24人，其中有青年助教11人，约占半数，而11

人中过半数又系三年毕业，初次参加工作。因此，积极培养青年教师为完成教学工作并为今后物理系设置专业专门化的重要环节之一。"

如何培养青年教师呢？朱光亚提出了两个口号：

（1）有今天，亦有明天。因为教学工作繁重，除了普通物理课程、理论课程的辅导工作以外，还必须抽调人力建立各实验室并准备高年级课程，而物理系教师力量不是很充足，所以，完成当前的教学工作仍为主要任务。但是，尽管当前的教学任务是主要的，也还是要适当地考虑到下一步的发展，考虑到明年、后年的工作。这样，就须把当前的工作与培养计划和培养方向适当地结合起来。这就是我们的第一个口号："有今天，亦有明天。"

（2）工作第一，提高第二。每一个青年助教同志的培养方向大致确定以后，就要求每人制订切实可行的进修计划。在制订进修计划时，要求每人能抽出一定时间（每周不少于6小时）作为进修时间，或者听课，或者阅读指导老师所指定的书籍。但是，切要以不妨碍当前教学任务的完成为原则。这就是我们的第二个口号："工作第一，提高第二。"

从这两个口号的提出，可以看出朱光亚在培养青年教师上，既讲辩证法又深谋远虑。在他主持下，物理系制订了一份详细的青年教师培养计划，具体到每一位青年教师的培养方向，每一位青年教师的指导老师（由教授、副教授担任），并要求每一位讲师也要制订自己的进修计划。同时，他率先身体力行，言传身教。

潘守甫教授回忆说：

1954年，全国高校普遍扩招，东北人民大学物理系原来一个年级最多招5个班，150多人，54年扩招了7个班，

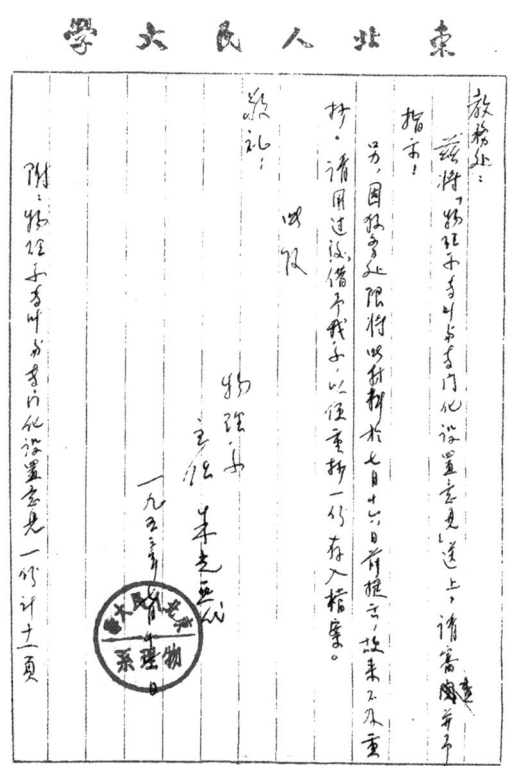

朱光亚为物理系起草并签字上报的《物理系专业与专门化设置意见》报告的手稿首页

210多人，因此，助教也不够用了，于是补充了一些刚毕业的年轻教师。本来讲大课的教授是不负责讲习题课和答疑的，但朱老师为了培养年青教师，主动承担了一个小班的习题课和答疑，我们班有幸被选为朱老师教习题课的示范班。每次朱老师给我们上习题课时，所有年轻教师都自带板凳，坐在教室最后一排，和我们一起听朱老师讲解习题的解题和计算方法，这些年轻老师照样记笔记，都特别认真。

朱老师上课历来特别认真，他事先都写好讲稿，稿纸上还有不少用红色钢笔写的提示、要点和需要特别向学生交代的重点及注意的内容。学生们都能从朱老师的讲课中受到很多启发，也学到了如何学习物理知识的方法。我毕业后留校任教，我曾问过这些年轻教师，他们听朱老师上课的心得，他们都说，听朱老师上课非常受益，无论是授课和人品，都受到很大教育。

朱光亚除了上示范课外，还要求青年教师在讲授习题课之前，必须写出习题课讲稿，由他亲自审定。

吉林大学物理学院档案室至今还保存着1954年由朱光亚亲自审定的26份习题课讲稿。在这些习题课讲稿中，可以看到，朱光亚都做了十分认真地审阅、修改。大到授课内容，小到计算差错，他都一一予以纠正，有不少的修改篇幅，甚至比原稿还长。

成立于1946年的东北行政学院，1950年更名为东北人民大学，1958年更名为吉林大学。图为当年东北人民大学校部图书馆大楼

东北人民大学物理系从零开始，经过朱光亚等创业者的努力开拓，短短几年就初具规模，立足于国内高校同行前列。

## 忠诚党的事业

加入中国共产党是朱光亚心中的夙愿。

1953年10月8日，朱光亚郑重地向物理系党支部提交了入党申请书。申请书中写道：

自从1950年4月我到北京大学工作之日起，党就热情地关怀着我，不断地教育我，使我逐渐认识中国共产党——这一支中国工人阶级的最先进的队伍，领导中国人民取得了革命的胜利，还只是走完"万里长征的第一步"，最终目的是在中国实现共产主义。共产主义是一项伟大而艰巨的事业，还需要千百万人忘我劳动和坚决的、长期的斗争才能实现的。因而，从那时候起，我就逐步地建立了信念，要争取加入到这支强大的队伍里来，为共产主义事业的实现贡献出自己的一切力量。

现在，在东北人大工作半年多以后，我再一次地体会到我所从事的工作的重要性。目前，党已领导我们投入了为实现祖国工业化、逐步过渡到社会主义的伟大斗争实践中。工作是艰巨的，在我们的工作中贯彻党的政策、方针和路线是需要坚定的信念、不屈不挠的意志、高度的原则性和辛勤的、忘我的工作的。我自己觉得还有不少缺点，我还要继续加强学习，但是，我认为我应该向党表示我的决心，提出我的入党申请，请求党来考验我、进一步锻炼我。如果我的请求一时还不能实现，我将决不会因此松懈我的斗志，因为我相信党一定能为我指出更明确的努力方向，指引我继续向前迈进。

朱光亚回国以后，工作上表现出色，思想上积极要求进步，特别是通过参加农村土改、朝鲜停战谈判等斗争实践，政治上日趋成熟，获得了党组织的信任和重视。物理系党支部书记温希凡回忆说：

> 朱先生当时是民盟成员，属于民主党派人士，但实际上，我们党支部已视他为党内同志。一方面，这是因为他刚从朝鲜战场归来，是大家爱戴的中国人民志愿军；另一方面，也是最主要的原因，是他的政治立场、政治信仰，积极向党组织靠拢，以及他高昂的工作热情，受到党组织高度信任。当时，党支部研究和部署重要工作时，都先同朱先生商量，征求他的意见，朱先生接受和认可了，我们再向系主任余先生通报。

1953年11月23日，即在朱光亚提交入党申请书一个月后，物理系党支部召开支部委员会，对朱光亚的入党申请进行研究，一致同意吸收朱光亚入党，并据此向校党委上报了《中共东北人民大学党委物理系支部委员会对朱光亚同志入党问题的意见》的专题报告。

按照当时的任命程序，东北人民大学教研室主任、副主任的任命，也需要上报东北人民政府教育部批准后方能正式公布。自然，朱光亚的入党问题，也不是东北人民大学党委就可以自行决定的，还要报上级党委批准。没有想到的是，东北人民大学党委和长春市委组织部经过认真研究，没有批准朱光亚入党，原因是朱光亚的民盟身份。

朱光亚在东北人民大学期间，不仅是物理系代主任兼普通物理教研室主任，还是民盟东北人民大学区分部副主任委员、中华全国青年联合会委员、吉林省青年联合会副主席、长春市青年联合会主席等职务，并被选为长春市人民代表。鉴于朱光亚的社会影响，长春市委组织部认为，为了处理好我党与民主党派的关系，暂不接收朱光亚入党为好。这样，朱光亚的入党问题就被搁置了下来。

朱光亚并不知道其中缘由。他认为，上级党组织没有批准入党，就说明自己还有差距，还需要继续努力。之前，朱光亚在一篇日记里就这样写道："怎样正确认识入党问题？组织上入党？思想上入党？是不是满足于做一个好的团员（或盟员等）就算了？申请若不准应该如何看法？"

虽然没有入党，但朱光亚对党的事业依然忠诚。他在党课学习笔记里，联系自己今后的努力方向写道：

> 注意理论、思想、组织的修养，提高思想水平，提高分析问题的能力，提高政治上的敏感性，这样，就能辨别原则和非原则的问题。
>
> 反对忽视政治倾向，反对成为学究式的共产党员。每一个党员对任何事情都有责任的，要挺身而出和所有不良倾向进行斗争。
>
> 群众路线是我们党的根本政治路线和根本组织路线。不要只把它看成是工作方法问题。马列主义的哲学观，是

了解世界并要改造世界，因而与群众不能分开，不依靠群众，是做不到的。要贯彻群众路线，思想上要养成的观点：

一切为人民群众，全心全意为人民服务的观点。党的革命先烈牺牲流血，以及以后的艰苦奋斗，都是为了人民的利益。为人民大众，不是为哪一个人，或哪一个小团体的利益，否则就是错误的。联系工作实际，就要考虑对人民大众有无利益，不要强调兴趣，不能强调个人前途。以群众作幌子也是不对的。

一切要向人民群众负责任的观点。工作上要不犯错误，少犯错误。工作方式方法要正确，使得人民事业的利益不受到损害。要求是如此，但政策、工作若有一点不正确，则应如何？要诚恳地进行批评，切实改进。不是一人或一小单位面子好看不好看，而是为了群众的利益。

对党负责与对人民负责是一致的，而不是对立的。真理的最高标准，是以广大人民的利益为衡量标准。在一般工作上，言"向上级负责""向领导负责"，也是一致的。若工作中发现"上级""领导"有不正确的地方，对人民利益会有损害，要提出意见，按组织程序提，不应当自由主义乱放炮。

相信群众自己能解放自己的观点。人民群众解放自己是自己的事，自己觉悟起来。不论党是如何正确，必须与群众结合，否则就不能变为物质力量。所以要相信群众、依靠群众。党员还是少数人，不靠广大群众，则不能完成任务。不靠群众自觉自愿，主观搞一套，就费力不讨好。在学校工作中亦如此。要善于依靠群众，党员、团员的作用在看见道理，把道理说清楚，使群众自觉自愿去做。

1954年10月，物理系党支部向校党委组织部呈送了一份请示。接到物理系党支部请示报告后，校党委又向长春市委组织部作了请示，经同意，对朱光亚的入党问题再进行研究。

1954年12月31日，物理系党支部召开支部委员会，再次研究和通过了朱光亚的入党申请。1955年1月，物理系党支部给校党委的报告里写道：

> 根据市委组织部、校党委的指示，物理系支部委员会对朱光亚同志的入党问题，又进行了研究和讨论。根据该同志一年来的表现，对物理系支委会于1953年11月23日所通过的《对朱光亚同志入党问题的意见》又作了若干补充和修正。现将1953年11月23日、1954年12月31日所通过的两个文件一并呈上，请审核并转呈市委。

1955年2月19日，东北人民大学党委对朱光亚的入党问题进行了讨论，通过了朱光亚的入党申请。东北人民大学党委组织部的一份文件这样记载：

因朱光亚在我校时，为民盟东北人大区分部委员，当时市委考虑到我党和民主党派的关系，故未作肯定的批复。1954年秋，市委再次指示我校，对朱光亚的入党问题作进一步研究。经物理系支委会研究，仍认为可以吸收朱光亚入党。党委亦于1955年2月19日第二次讨论了朱光亚的入党问题，并通过了接受朱光亚为候补党员的决议。之后，呈请市委审批。

然而，长春市委组织部还是没有立即批复，朱光亚的入党问题再次被搁置了下来。尽管入党一波三折，但朱光亚没有因此而消极，在教学工作上依然尽职尽责。

在这期间，中央高教部对东北人民大学进行专题工作调研，特别指示要重视发挥知识分子作用。据此，校党委针对工作中存在的问题，开始着手改进，并在干部配备上进行了调整。

1955年1月10日，东北人民大学党委报请长春市委：

> 我校为了巩固检查工作的成果，及进一步改进今后工作，拟任物理系教授朱光亚兼副教务长；物理系教授兼系主任余瑞璜兼研究部主任。

长春市委很快批准了该项任免，学校党委于1955年2月3日报请高教部审批。1955年3月11日，高教部李云扬司长致函东北人民大学称："关于余瑞璜任研究部部长、朱光亚任副教务长问题,拟于最近提交我部党组讨论,俟党组决定后正式任命。"

没有想到,朱光亚的这次任命又出现了变故。1955年5月20日,高教部正式下达任命通知:"我部同意余瑞璜任你校研究部部长,请先行到职,任命通知书另行发给。朱光亚先生因另有调动,暂不任命。"

1955年5月24日,东北人民大学以校长名义发布《通告》:"接高等教育部五月二十日电示,朱光亚教授另有任用,不能任副教务长之职。"

而在通告发布之前,朱光亚已赴京去领受新的任务了。还是穿着那身志愿军军装,肩挎着行囊,手提着书箱,组织一声令下,他就立即出发。

# 第七章

# 肩负重任

### 大戏拉开序幕

朱光亚赴京领受的是一项被视为国家最高机密的重要任务。

1955年1月15日,中共中央书记处会议做出了一项事关国家安危的重大决策:发展我国原子能事业。

那一天,中共中央主席毛泽东在中南海主持召开中央书记处扩大会议。出席会议的中央领导人有:刘少奇、周恩来、朱德、陈云、彭真、彭德怀、邓小平、李富春、薄一波等。地质部部长李四光、副部长刘杰,中国科学院物理研究所所长、核科学家钱三强被邀请列席会议。

会议开始,毛泽东就开门见山地对李四光、钱三强、刘杰说:"今天,我们这些人当小学生,就原子能有关问题,请你们来上课。"

刘杰先将一块铀矿石放在了桌子上。铀,是实现核裂变反应的主要物质。它最先是由德国矿物化学分析家克拉普罗特于1789年发现的。恰好当时天文学家发现了天王星,克拉普罗特就将自己发现的这一新物质以天王星命名。天王星英文名的第一个字母为"U",中国就将它音译为"铀"。根据核物理的研究,一个铀235原子核裂变时释放的能量,比煤燃烧时一个碳原子释放的能量大4878万倍。1954年,地质部在综合找矿中第一次发现了铀矿石。毛泽东得知后甚为重视,兴奋地说:"我们的矿石还有很多没被发现嘛!我们很有希望,要找!一定会发现大量铀矿。""我们有丰富的矿物资源,我们国家也要发展原子能。"

接着,刘杰又拿出了一个外形类似钢笔模样的盖革计数器,靠近铀矿石,立即发出了"嘎嘎"的响声,靠得越近,响声越大,拉开距离后,响声又变小了。这是检验铀矿石的一种试验。中央领导好奇地走上前也做起了试验,效果一样,大家登时欢笑了起来。

演示结束后,李四光和刘杰就对我国铀矿资源的情况进行了汇报。他们说,经过一年的普查,在西北、中南和华东地区发现了200多处放射性异常点,已经确认有远景的矿点11处,可以确信,中国一定有丰富的铀矿资源,能够为将来大力发展原子能工业服务。

接着,钱三强开始汇报。他先是简略讲解了核科学知识,然后,挂出了两张示意图,重点介绍原子弹和氢弹的基本构造。这可是中央领导最为关注的内容,大家随即热烈地讨论了起来。

毛泽东率先问道:"你们让我跟苏联人谈的那个反应堆和加速器是干什么用的?"

钱三强说:"它们是进行原子能研究的基础,简单地讲,就是通过反应堆和加速器来研究、摸索和掌握核能释放的规律。'二战'时美国轰炸德国的军事目标,首先摧毁的就是德国的重水核反应堆。美国最担心的是德国先于他们造出原子弹,炸了反应堆,也就毁了德国的核计划。"

毛泽东又问:"我们自己没办法搞吗?"

钱三强说:"能搞,但需花很长时间,除了理论上要学习、掌握之外,我们目前的工业水平太低,制造也是一个难题。"

毛泽东点点头:"好,先不说难题,氢弹好像和原子弹有点关系吧?"

钱三强说:"是的,简单地讲就是在原子弹的外面,包围相当数量的重氢或超重氢,利用原子弹爆炸的高温,使重氢或超重氢发生热核反应,达到氢弹爆炸。"

毛泽东道:"这么说,原子弹又是氢弹的基础了?"

钱三强说:"也可以这么说。"

毛泽东又问道:"那你再给我们说说,为什么有了原子弹还要搞氢弹呢?"

钱三强于是说:"广岛原子弹相当于两万吨TNT当量,苏联请彭老总去看的那一颗是四万吨,十万吨、二十万吨还能做,但因为材料的关系,再做体积就太大了。美国第一颗氢弹是1040万吨(当量),是广岛原子弹的八百多倍。"

大家发出一阵惊叹声。

钱三强说:"当然,不仅仅是威力大小的原因,还有杀伤力的方式不同,氢弹的杀伤力主要是冲击波和光辐射,没有原子弹那么大和持久的放射性污染,也许这是使用者对自身安全的考虑吧。"

毛泽东听后,看着其他中央领导笑着说:"今天我们都是学生,不要我一个人提问题嘛,你们也说说。"

彭德怀说:"主席,我看我们也别问什么问题了,给三强同志省点力气。三强,我就想知道,估计也是在座的人最想问你的,我们科学家能不能把原子弹搞出来,要多久?"

钱三强没有回答,看着毛泽东:"主席,回答彭老总之前,我先问个问题好吗?"

毛泽东点点头。

钱三强说:"主席,我们国家是不是下决心要搞原子弹?"

毛泽东微笑道:"我一个人说了不算啊,大家的意见呢?"

彭德怀立即道:"当然要搞!"

刘少奇说:"我赞成搞,我的意见还是要尽量争取苏联的帮助,有人帮就能快一点,省点事,不帮我们就自己搞。"

朱德一拍桌子:"要搞!过去我们打仗有蒋介石给我们当运输大队长,以后没有这样便宜的事了,必须自己动手。有备无患嘛，搞了不用也得搞，不然，没法踏踏实实过日子。"

周恩来说："综合我国目前的情况，集中力量，突破原子弹，带动整个原子能事业的发展，是个好办法，我建议中央，对原子弹早下决心。"

邓小平也说："我的意见，无论从我国面临的现实威胁，还是从民族利益考虑，原子弹都必须搞！"

陈云举手道："我投赞成票。"

彭真、李富春、薄一波都举起了手。

最后，所有人都看着毛泽东。

毛泽东深深地吸口烟，说："出兵朝鲜我想了三天，要不要搞原子弹，我想了三年，结论是两句话：一、原子弹一定要搞；二、既然要搞，那就早搞。我们国家发现了铀矿，也训练了一些人，现在是时候了，该抓了。只要排上日程，认真抓一下，一定可以搞起来！"

这天，中央书记处扩大会议一直开到晚上七点多。会后，毛泽东留大家吃晚餐。餐厅里摆了三张四方桌，每桌上了6个普通的家常菜。李四光、钱三强被安排在与毛泽东一桌。平常不大喝酒的毛泽东，这时端起了一杯葡萄酒，站起来，大声地说："为中国的原子能事业，干杯！"

这一声"干杯"，标志着中国制造原子弹的史诗性"大戏"，从这一天起拉开了序幕。

制造原子弹，铀矿石资源只是最基本的物质基础，最重要的是要有一批原子能技术方面的人才。当年美国制造原子弹时，制定了一个庞大的研究计划——曼哈顿计划。仅在"曼哈顿工程区"工作的科技人员就有15万人。而新中国成立初期,这方面的人才极度匮乏,中国科学院专门从事核物理研究的也只有"十几杆枪",即使把全国这方面的人才都调集起来,也是寥寥无几。因此,培养核技术专门人才成为当时最迫切的任务。

中央书记处扩大会议之后,周恩来总理主持召开了国务院会议,专题研究和部署原子能事业的发展工作。

对于核技术人才的培养,国务院针对性地制定了3项措施:一是在北京大学筹建物理研究室,从事核物理人才的培养;二是在苏联和东欧的中国留学生中,挑选与核事业相近专业的百余名学生,改学核科学和核工程技术专业;三是由中国科学院近代物理研究所派遣科研和工程技术人员赴苏实习,学习核反应堆、加速器的原理和操作及其仪器制造和使用。

朱光亚赴京领受的重要任务,就是参与北京大学物理研究室的筹建工作。从此,朱光亚的一生,就与中国原子能事业紧密地融合在了一起。

## 加速人才培养

参与筹建北京大学物理研究室的共有3人:胡济民、虞福春、朱光亚。这3人都是钱三强精心挑选的。

胡济民1945年留学英国,先是在伯明翰大学学习,导师奥里芬特是参加美国研制原子弹的科学家之一,后又由奥里芬特介绍，到伦敦大学奥赛教授处做研究生，专攻核物理。1948年获伦敦大学哲学博士。1949年9月回国，任浙江大学副教务长。

虞福春1946年留学美国，先是在俄亥俄州立大学物理系攻读研究生，后在美国斯坦福大学物理系做博士后研究工作，并与另一位博士后W.G.普洛克特合作，共同发现了核磁共振谱线的化学位移和自旋耦合劈裂，在世界科技发展史上留下了记录。1951年回国，任北京大学物理系教授。

朱光亚从美国归来后，曾去中国科学院拜访过钱三强，两人有过深入交谈。作为中国核物理界的泰斗，钱三强对朱光亚这位年轻人很是欣赏。在组建北京大学物理研究室时，硬是把即将任命为东北大学副教务长的朱光亚挖了过来。

1955年5月16日，胡济民、虞福春、朱光亚三人应钱三强之邀，在北京第一次相聚。据北京大学技术物理系史料记载：

> 5月16日，钱三强邀请胡济民、虞福春、朱光亚三人，在他中关村的寓所会谈。钱三强首先传达了中央及高教部关于设立物理研究室、培养原子核物理专门人才，以及进行一定的有关科学研究工作的意图。然后就筹备工作交换了意见。这是筹建物理研究室的第一次筹备会议。
>
> 会议决定，为了抢时间，先不管"物理研究室"的归属，在物理所先成立一个"6组"，由胡、朱、虞三人进行筹备工作。办公地点设在物理所的所长个人办公室。他们就用"科学院物理所6组"的名义在市场购买书籍和仪器，

通过科学院以6组名义对外订货和定购图书。同时也以6组名义通过科学院基建处建设教学实验大楼和宿舍等（后来中关村的北大技物楼、中关村19、24、25、26宿舍楼及食堂）。

7月4日，党中央在国务院三办副主任刘杰报告的批示中指出："大力培养核子物理以及相配合的各类专业人才是极其重要的""高等教育部党组应通盘筹划""要克服困难，争取在今后几年内培养出大批干部来。"同时，按照周恩来总理指示，高教部党组决定在北京大学和兰州大学各设立一个物理研究室作为培训中心，并决定在北京大学和清华大学设置相关专业，以培养从事原子能的科学研究工作和工程技术人才。

1955年8月1日，高教部下发通知，宣布正式成立北京大学物理研究室，任命胡济民为物理研究室主任，虞福春为副主任，并决定从各校物理系三年级选拔学生100名，于本年暑假后转入北京大学物理研究室进行培养。

通知特别强调，物理研究室系保密性的研究机构，对外应严守秘密，不准接纳外宾参观。北京大学相关人员和教研组的教师需参加物理研究室工作者应经审查批准。

作为三人筹备组成员之一的朱光亚，没有被安排领导职务，只是作为业务骨干担负教学工作。从大学的副教务长到研究室的教学骨干，似乎有些"低就"了，但朱光亚没有一句怨言，而是以国家利益为重,全身心地投入到了工作中,这种品质难能可贵。

1955年9月,北京大学物理研究室在中国科学院化学所大楼正式开学。第一批学生共有99名,分别从北京大学、东北人民大学、复旦大学、南京大学、南开大学、武汉大学、中山大学的物理系三年级学生中选调而来。

研究室的教师也是从全国高校中选调来的。他们各自开设的核物理专业课程,因没有现成的教材,都是克服困难,自己动手,在极短时间内现编而成的教学讲义。

培养核物理专业人才,不但要开出诸多课程,向学生传授理论知识,还要建立核物理实验室,通过实验和实践,让理论知识升华。而当时国内连做放射性实验必须用的有机玻璃都还不能生产,建立核物理实验室的困难之大可想而知。组织上就将这项艰巨的任务交给了以陈佳洱为首的几位青年教师。

陈佳洱是由朱光亚推荐,从东北人民大学选调来的。为了帮助这些年轻教师建立核物理实验室,朱光亚在幕后默默地精心指导。

据北京大学技术物理系系史记载:

> 当时核科学的教学仪器和实验设备极端缺乏,国内没有现成的仪器设备,而且由于美国实行禁运,我们无法从国外进口。这些核仪器设备,除几位留学归来的教师外,物研室许多教师也没见过,有的只是在期刊、广告上见过

照片或听人说过。尽管困难重重，但物研室的年轻教师和物研室工厂的工人师傅，同心协力，自己动手研制最必需的核电子学和核探测仪器，G-M计数管和碘化钠晶体等。他们在几个月时间内，用双手制造出教学实验所需要的几十台仪器设备，满足了第一批学生的核电子学与核物理实验训练的教学需要。

在朱光亚为培养核物理人才辛勤耕耘时，他加入中国共产党的心愿终于得以实现。1956年6月28日，北京市委组织部批准了朱光亚的入党申请。朱光亚正式成为中国共产党光荣的一员。

1956年9月30日，北京大学物理研究室自行培养的第一届原子物理专业的学生毕业了。这批学生相继分配到了核技术研究单位，成为我国原子能事业的新生力量。北京大学物理研究室，也由此被誉为中国培养核物理人才的摇篮。

而就在北京大学物理研究室培养的第一批学生毕业之际，朱光亚又接到了调令，调往中国科学院物理研究所任第二研究室副主任。这次工作调动，仍然与国家加快发展原子能事业有关。

## 归队中子研究室

1956年9月，根据毛泽东的指示，周恩来组织全国600多位科学家和科技工作者，前后历时半年制定了12年科学技术发展远景规划（1956—1967）。

《十二年科学规划》共提出了57项重要科技任务，其中有12项被列为重中之重的任务，涉及原子能技术、喷气与火箭技术、半导体技术、电子计算机技术和自动控制技术五个方面，被誉为新中国科技发展的"五朵金花"。

出于保密原因，《十二年科学规划》对外公布时，原子能技术和火箭技术两项研究任务因其高度机密性而被隐去。在当时，原子能技术就是原子弹的代名词，火箭技术就是导弹的代名词。

朱光亚参加了《十二年科学规划》的制定工作。他在一篇学习笔记里写道：

> 未参加科学规划工作之前，的确难以想象其规模之大。尽管现在看来，搞这一工作当时不是尽善尽美，但是，党领导科学家们进行了这一工作，初步解决了极其复杂而艰巨的规划任务，不能不是党的伟大力量的体现。八大（1956年9月召开的中国共产党第八次全国代表大会——作者注）的决议里肯定而明确地指出了当前的主要矛盾，并指出了党应如何领导全国人民解决这一矛盾的努力方向，许多新的问题、新的任务都逐步提到日程表上来了，也包括了向科学进军在内。这一点，不仅给我以极大的鼓舞，也给了我很深刻的教育。再具体一点说，原子能事业的发展迅速，要求之高，也是我所想象不到的。事实上，投身

于这一事业之中，反倒有些惶恐的感觉，也就是说，觉得应该搞，也希望我们中国能搞起来，但一旦要求自己投入，反而会有"如何得了"的感觉。从这些地方深入检查一步，觉得党是从实际出发来看问题的，分析了客观实际的情况，认识了需要与可能，觉得这样做是合乎发展的需要的，于是我有决心将这件事情做好。

中国科学院物理研究所是从事原子能技术研究的主力军。钱三强将朱光亚从北京大学物理研究室"挖"过来，任第二研究室副主任，就是为了加强科研力量，完成《十二年科学规划》赋予的重大任务。

钱三强对朱光亚说，你是搞核物理的，应该"归队"。当年，朱光亚漂洋过海去美国留学，就是为了学习制造原子弹的技术。这次"归队"，好比投笔从戎，直接投入到原子能科学研究的最前线。

朱光亚任副主任的第二研究室，室主任由所长钱三强兼任，第一副主任何泽慧。何泽慧是钱三强的夫人，也是一位著名的核物理学家。他们在法国居里实验室工作时，共同发现并证明了铀核"三分裂""四分裂"的现象。这一发现改写了科学史上关于核裂变的理论。新闻媒体在报道时，称他们是"中国的居里夫妇"。

第二研究室又名中子研究室。中子是构成原子的基本粒子之一。1938年，科学家们发现，利用中子轰击铀原子核，会使后者产生裂变反应，分裂成为两块具有中等质量数的裂变碎片，同时释放出大量的能量和二三个中子。这些中子在适当条件下，又会使其他铀核分裂，如此延续下去，即形成自持的链式反应（或称连锁反应），使越来越多的铀核参加到裂变反应中来，从而释放出具有实用意义的原子核能。这一裂变过程，正是原子弹进行核爆的运作原理。

为使核裂变释放能量能有控制地进行，以便为人类所利用，就必须建立一种装置，使在其中的铀既能维持链式反应，又能人为地控制反应的快慢。1942年，在意大利科学家恩里科·费米的指导下，美国芝加哥大学建成了世界上第一个这种装置。由于最初的这一装置是用起慢化剂作用的石墨砖堆起来的，当时就叫它为"反应堆"。虽然以后不用石墨了，但这类装置继续沿用其名。

反应堆的设计和制造，是一门综合性很强的工程技术。1955年4月27日，苏联政府与中国政府签订了关于苏联援助中国发展原子核物理研究与和平利用原子能的协定。该协定规定，由苏联帮助中国建造一座功率为7000千瓦的研究性重水反应堆和一台2兆电子伏特的回旋性加速器。

第二研究室承担的任务，是配合苏联援助建造重水反应堆装置，同时自主进行反应堆技术研究。朱光亚的到来，就是与这项任务有关。

难能可贵的是，朱光亚在向苏联援助人员虚心学习的同时，保持了一个科学家对待科学研究严谨、求实的特质。在他的研究反应堆的工作笔记里，有许多这方面的记载。

堆停下来几分钟或更长时间，其反应性如何变化？运行人员应很好地知道这种计算。

控制棒在中心或旁边，其对反应性的作用是不一样的。

控制棒插入的深度，其对反应性曲线的影响也是不一样的，是先快后慢。

开堆进行了实验测定之后，把数据求出，补充到讲义中去，最后定稿，即成为一本较完整的参考资料，为以后工作、培训或实习之用。

其次，理论组应该考虑的第二个工作，就是建立一个堆工作情况的计算小组。

这样的小组，在苏联都是很强的理论家组成，就我们而言，可以是较低水平的人加以培训，一般而言，应有两个较强的人领导。一个偏重于物理计算，一个偏重于热工计算，下面再有三个中学毕业生作具体会计式的计算就行了。

如果决定由中学毕业生来搞，可以先拟出一个工作规程，列出具体公式，他们代公式计算即可。公式简单一些。精确的计算，只有在计算本身就是一项科学工作的情况下才有必要。

这一小组，一方面起着会计组的作用，即整理并保存整个堆的档案材料，由操纵员记下账，每日交给这一小组来进行整理和计算。发生的事故，如哪一工艺管道损坏了，也都要记下来。另一方面又起着出纳组的作用，科学人员、放化人员要取出控制棒文件，都必须经过出纳组，他们精确知道各控制棒的历史情况，因而可以做到要什么给什么。

还应当指出，这一小组的计算所得结果与实际仍会差许多。对石墨堆而言，在每吨燃耗200克时是符合的，到了300—500克时已不符合了。对重水堆而言，在每吨燃耗400克时，误差会达到15%—20%。实际上所燃耗的总要略小于计算值。

从中可以看出，朱光亚善于结合中国的实际情况开展科学研究工作。朱光亚具有的这种潜质，使他在科学研究的道路上，思路更加开阔，效果更加显著。

## 攻克核反应堆

为了保证原子能事业尽快、有序、规范发展，1956年7月28日，周恩来向毛泽东、党中央呈报了《关于原子能建设问题》的报告，在报告中，周恩来提出了成立国家"原子能事业部"的建议。

1956年11月16日，第三机械工业部即原子能事业部成立，任命宋任穷为部长，刘杰、刘伟、雷荣天、钱三强为副部长（1958年2月，第三机械工业部改为第二机械工业部；1982年5月，国务院机构改革时，第二机械工业部又改名为核工业部——作者注）。

1956年12月，中国科学院物理研究所与代号为"601厂"的原子能技术科研基地合并,对外仍称中国科学院物理研究所,所长依然是钱三强。"601厂"是由国家建委建筑技术局建设的反应堆和加速器科研基地。合并后的物理研究所实行中国科学院和第三机械工业部双重领导。

1958年春,由苏联援助建设的我国第一座实验性重水反应堆和加速器建成。同年7月1日,《人民日报》发文对外公布了这一重要科技成果:

> 建设在北京郊外的我国第一座实验性原子能反应堆和回旋加速器正式移交生产。这座原子堆的正式运转日期是1958年6月30日,它是实验性重水型,热功率为7000千瓦至10000千瓦。同时建成的回旋加速器有能力把α(阿尔

我国第一座重水反应堆

法）粒子加速，使α粒子能量达到2500万伏特。从加速器发出的每秒34000千米速度的粒子，已经被用来进行原子核物理研究。

《人民日报》同时发布消息宣布，中国科学院物理研究所改名为中国科学院原子能研究所。这是第一次向世界公开宣布，新中国正在进行原子能技术研究。

核反应堆按用途分为：

研究试验堆，用来研究中子特性，利用中子对物理学、生物学、辐射防护学以及材料学等方面进行研究；

生产堆，主要是生产新的易裂变的材料铀235、钚239；

动力堆，利用核裂变所产生的热能，广泛用于舰船的推进动力和核能发电。

实验性重水反应堆属于研究试验堆。该堆建成后，朱光亚指导技术人员开展了核物理实验，并撰写发表了《研究性重水反应堆的物理参数的测定》等研究论文。

在建设实验性重水反应堆的同时，朱光亚受命主持设计、建造我国第一座轻水零功率装置（东风一号）。

重水反应堆是以重水作为慢化剂和冷却剂，轻水反应堆则是以普通的轻水作为慢化剂和冷却剂。两者相比较，重水的中子吸收截面小，允许采用天然铀燃料，它的特点是临界质量较大，中子通量密度较低。如果要减小临界质量和获得高中子通量密度，还可以用浓缩铀代替天然铀。而轻水由于能吸收中子

我国第一座轻水零功率反应堆

使反应堆中中子浓度降低,轻水反应堆中的核燃料需要更高程度地浓缩以达到临界质量,才能为持续反应提供保证。

在主持设计轻水反应堆期间,朱光亚还受聘担任了清华大学工程物理系核反应堆专业的顾问。清华大学物理系教授郑福裕回忆道:

> 1958年,朱光亚先生受聘,成为清华大学工程物理系核反应堆专业的顾问,同时,他还在中国原子能研究所主持核反应堆物理实验和理论研究,尽管工作繁忙,仍然十分关心我校核反应堆专业的建设。当时我们白手起家,一

间实验室也没有。朱先生得知这一情况，立刻主动联系原子能研究所，接受我们教研室的蒋祖行、盛菊芳同志在该所实习，并参加反应堆物理实验研究工作。这样的研究工作，在当时绝对是尖端中的尖端、机密中的机密，相关工作人员要经过非常严格的政治审查，进入单位要持有特别出入证，还要经过三道警卫门岗的严密盘查。为达成此事，朱先生做了许多工作，终于为我们争取到了这次难得的机会，使我们获得了宝贵经验，明确了奋斗目标，对我们建设实验室大有裨益。

1958年秋，朱先生为我们专业的三个班开设了"核反应堆物理实验"专业课（代号405）。作为工程物理系的首届毕业生，我刚一毕业就有幸成为朱先生的助教，听课学习兼辅导教学。405课是全新课程（欧美无此课），国内首次开设。当时我们只有苏联莫斯科工程物理学院405课的教学大纲，既无教材，又无实验（当时清华没有开设实验的条件，也没有核反应堆装置），主要资料就是第一次日内瓦和平利用原子能会议文集。在这种情况下，为培养核专业人才，朱先生从繁重的日常工作中挤出时间，义无反顾地来到清华上课。当时他家住房山区中国原子能所，离清华很远，每周来清华一次，道路不好走，汽车单程都要一个多小时，早晨8点上课，一讲就是一上午，课间还要回答学生提出的问题，十分辛苦。有一次，他晚上来到清华，专门为学生集体答疑，之后便住在静斋招待所。那会儿的住宿条件很差，室内没有卫生间，他不挑剔，也不提任何要求，总是一切从简。

就是在科研和教学兼顾的情况下，1959年2月24日，由朱光亚主持领导的我国第一座轻水零功率装置建成并达到临界质量。临界质量是一项非常重要的指标，它标志反应堆可以正式投入使用。

《当代中国的核工业》一书中对此有专门评价："1958年，原子能研究所成立了反应堆物理实验组，承担了研究性重水堆的物理启动任务。1959年2月，原子能所在朱光亚领导下，自行设计、制造和安装了第一座轻水零功率装置，并进行了一些实验工作，为掌握研究性重水堆物理实验技术跨出了第一步。"

第一座轻水零功率装置的研制成功，是我国原子能技术研究的一项基础工程，它的意义重大，为我国自行设计、建造核反应堆跨出了关键性的第一步。

## 不寻常的推荐

1958年1月，第三机械工业部成立第九局。2月，第三机械工业部改为第二机械工业部，九局也随之改称为二机部九局。

九局的职能，就是具体负责原子弹的研制和组织工作。首任局长是一位战功赫赫的将军，名叫李觉。他是当时将军队伍里为数不多的高级知识分子，曾任西藏军区副司令员兼参谋长。

副局长吴际霖、郭英会,吴际霖早年毕业于华西大学化学专业,参加革命后在延安主要从事军工生产;郭英会曾担任过周恩来的军事秘书。

九局成立后抓了两件大事,就是筹建核武器研究所和核武器研制基地。核武器研究所设在北京,对外称北京第九研究所。核武器研制基地建在青海一个叫金银滩的地方。当时,为了统一领导,二机部九局、核武器研究所、西北核武器研制基地虽然是三个机构,但领导班子就是李觉、吴际霖、郭英会三人。

1958年7月,根据中国政府和苏联政府签订的国防技术援助协定,苏联派出了一批专家,对中国研制原子弹提供技术帮助。其中,向二机部派来了一个三人专家小组,组长叶夫根尼·涅金,苏联原子能研究院理论部负责人,理论物理学家;组员加弗里诺夫,研究院实验物理学家;组员马斯洛夫,研究院装配厂总工程师。

担任苏联专家组翻译的九局工作人员朱少华回忆说:

> 三位苏联专家到北京时,天气比较热,有些不太适应。他们三个人在一个大房间里办公,整天光着膀子,只穿着一条小裤衩,背后开了电扇吹着。
>
> 第二天一上班,涅金马上就要见局(九局)领导,我就带他去找吴际霖副局长。把他们双方一介绍,涅金就说我是原子能研究院理论部的,学理论物理的,是理论部的负责人。加弗里诺夫是实验物理学家,马斯洛夫是装配厂

的总工程师。涅金说,我们这次来有两个目的,第一是介绍原子弹模型,尽管模型和资料随后才会运来,但先要给领导一个概念。第二就是要进行核武器研究,当务之急是要确定一个科技负责人,一个总工程师,这两个人缺一不可,希望能尽快配备。此外,他要参观一些研究机构,看看中国的技术水平,也要参观一些军工厂,看看制造水平。吴副局长听了之后,表示欢迎,说这事还要向部里请示。

很快,苏联专家小组就被安排去研究所和军工厂参观。参观后,苏联专家大为赞叹,说:"没想到你们的工厂有这样的水平,我们对你们估计低了,你们机械制造水平相当高,我们苏联有些厂子还不如你们。"苏联专家还特别向陪同参观的二机部副部长钱三强提出,要把朱光亚调来从事原子弹研制工作。

苏联专家的提议,让钱三强和九局的领导很是惊讶,苏联专家怎么会知道朱光亚这个人的呢?据时任苏联专家组翻译的霍广盛先生回忆:

> 1958年,苏方根据中苏"国防新技术协定"派专家来华。其中,科学调查组有组长涅金、实验物理学家加弗里诺夫和马斯洛夫。加弗里诺夫是苏方指派,作为二机部九局的科技顾问,准备在华长时间工作。在原子能所,加弗里诺夫向二机部副部长钱三强提出请原子能所给予九局科研支援的要求,特别是要给几个有才干的科学工作者。

当钱三强爽快地同意他的要求后，加弗里诺夫很高兴，又提出"想见一见朱光亚同志"的要求。钱三强解释说："很遗憾，今天是礼拜天，他回城里去了。如果能等到明天，还是可以见到他的。"苏联专家耸一耸肩膀，表示遗憾。

加弗里诺夫是个办事认真、急性子、有着犹太血统的俄罗斯人。他第二天上班以后，就急匆匆地向九局副局长吴际霖汇报原子能所之行，并且提出："应当调朱光亚来工作，一定得让他来。"

吴际霖听后，颇感意外地问："您怎么知道有一个朱光亚，并且对调他来这么感兴趣？"

加弗里诺夫认真地解释说："朱光亚在1956年4月曾经到过莫斯科，诺贝尔物理学奖获得者塔姆院士接见过他。在我出国前，塔姆院士向我推荐朱光亚，说他是一位有头脑、能力很强、有才华的青年科学家。"

曾任国防科工委科技部百科编审室副主任的宋炳寰回忆说：

当年，为了进一步争取苏联援助我国建设核工业，经周恩来总理批准，以刘杰为团长的中国原子能代表团赴苏联谈判，朱光亚作为这个代表团的10名科学顾问之一，于1956年4月初到达莫斯科。

在与苏方正式谈判之前，朱光亚和代表团其他成员一起，在莫斯科、基辅等地参观了许多研究所、高等院校和

1956年四五月间,朱光亚(右三)作为中国原子能代表团顾问之一,随刘杰团长(右一)等人赴苏联考察、访问。右四为王淦昌,左二为赵忠尧,左三为何泽慧

工厂,以便尽可能多地了解和增加有关核科学技术方面的感性知识。每到一处,朱光亚都聚精会神地听讲解,仔细观看,对没听得十分清楚的地方和自己思考到的一些问题,很虚心地向苏方求教,还认真地做笔记。每天晚上,在参加完代表团的碰头会以后,他还在住所仔细回顾、深入思考当天的学习收获,并整理当天做的笔记。

在参观、学习告一段落后,代表团同苏联科学家讨论了中国原子核物理科学规划和加速器类型的选择问题,朱光亚还与代表团的科学顾问们一起参加了相关商谈。

在苏联期间,通过学术交谈,朱光亚的求知欲给年逾花甲的苏联物理学家H.E.塔姆院士留下了深刻印象。他认为，朱光亚是一位挺有头脑、有才华的科学家。塔姆院士曾在1937年与苏联物理学家N.M.弗兰克，共同对苏联物理学家切伦科夫于1934年发现的高速带电粒子在透明物质中传递时放出蓝光的现象做出了理论解释，3人共同获得了1958年的诺贝尔物理学奖。

钱三强及九局党组立即把加弗里诺夫的建议向二机部党组作了汇报。部党组很重视，指示九局要将朱光亚调来，但朱光亚所在的中国科学院原子能研究所不放，几经协商，在钱三强等部领导做工作的情况下，才勉强松口，但不同意转关系，并提出"让朱光亚在两个单位同时挂职，每星期在两家各工作3天"。

时任核武器研究所秘书的胡干达回忆说：

> 朱光亚当时比较年轻，原子能研究所不愿意放，我听李觉他们议论，先过来工作，关系可以不要转，原子能所方面的工作朱光亚可以兼顾一点。按照方案，一家工作三天。为了有连续性，星期一早晨我们派车，把朱光亚接到核武器研究所工作，星期三晚上送回去。朱先生来了以后，也是白天黑夜地干，许多时候，星期三根本回不去。

就这样，朱光亚的工作重心，先是两边兼顾，后来就渐渐以核武器研究所为主，工作的时间越来越长，成为核武器研究所不可缺少的科研主心骨。

# 第八章

# 科技点将

## 苏联政府变卦

得益于苏联的技术援助,中国的核科技事业迈出了可贵的第一步。然而,苏联的援助是有条件的。

1958年4月18日,苏联国防部长马利诺夫斯基元帅致函中国国防部长彭德怀,信函中说:为了指挥苏联在太平洋地区活动的潜艇,迫切希望于1958年至1962年期间,在中国境内,由苏联和中国共同建设一座大功率的长波发报无线电中心和一座用于远程通信的特种收报无线电中心。资金可主要由苏方承担。

这个要求让中方很为难。毛泽东说:这封信给我们出了一个大难题。不同意,必有伤和气,尤其是苏联帮助我们在前。

可是我们不可能拿原则、拿主权去讲这个和气。我们的原则是不和任何国家搞军事同盟。现在困难不搞，将来强大了也不搞；主权问题更是不能半点含糊。

经过慎重研究，中共中央决定，由彭德怀于6月10日复函马利诺夫斯基，表示：中国政府同意建设长波电台，欢迎苏联在技术方面给予帮助，但一切费用由中国承担，建成后，所有权归中国，使用权归两国共有；并建议两国政府就此签订一项协议。

长波电台的事情还没有谈妥，苏联驻华大使尤金又向毛泽东转达了赫鲁晓夫提出的一个新要求：建立一支共同潜艇舰队。

对此，毛泽东十分敏感，问："又是共同，建在哪里呀？"

尤金回答："我们已经试制出很先进的新型潜艇，这种潜水艇就是为了在太平洋对付美国第七舰队的。但是苏联的自然条件不能充分发挥新型潜艇的作用。中国的海岸线很长，条件很好，因此希望在中国的某个地方建立一支共同的潜艇舰队。"

这下，毛泽东生气了。新中国的海军刚刚组建，不要说新型潜艇，就是普通潜艇也没有一艘，所谓建立共同潜艇舰队，说穿了就是苏联独家的潜艇舰队。

尤金离开后，彭德怀气愤地说："电台架在我们岸上，潜艇驻在我们港口，天天在我们的海底转悠，这叫什么事？"

周恩来也说："一个联合电台，一个联合舰队，中国的海防就不在自己手里了。请神容易送神难，一旦进来，再想让他走就没那么容易了。"

第二天，尤金又来见毛泽东。这次，在场的除了周恩来、彭德怀外，刘少奇、邓小平、陈毅、聂荣臻、叶剑英也来了。

尤金继续昨天的话题，一再表示：建立联合舰队的目的是对付美国，建立长波电台的目的是指挥潜艇舰队，而且都必须在中国建。

毛泽东洞若观火。苏联建立联合舰队和长波电台的真实目的，就是以对付美国为名，行控制中国为实。毛泽东严厉地对尤金说："要讲政治条件，连半个指头都不行。"

后来，赫鲁晓夫亲自到北京做说服工作，毛泽东还是没有答应。毛泽东说："在我们最困难的时候，苏联人民给了我们宝贵的援助。滴水之恩，当涌泉相报，我毛泽东和中国人民都不会忘记的。但友谊和主权不能混为一谈。其他问题都好说，主权不行。"

毛泽东为什么不答应？他说："英国人、日本人，还有别的许多外国人已经在我们国土上待了很久，被我们赶走了。我们再也不想让任何人利用我们的国土来达到他们自己的目的了。"

由于没能满足苏联政府的要求，虽然中苏签订了国防新技术援助协议，但双方间的裂痕已经难以弥补，苏联对中国的技术援助刚开始不久，就蒙上了重重阴影。

首先是苏联在援助协议中答应的，向中国提供原子弹教学模型和制造原子弹的有关资料，三番五次推脱，迟迟没有兑现。

赫鲁晓夫晚年撰写的回忆录里，披露了其中的秘密：

我们的专家建议我们给中国人一枚原子弹样品。他们把样品组装起来并装了箱，随时可以送往中国。这时，我们负责核武器的部长向我作了汇报。他知道我们同中国的关系已经恶化到了不可挽回的地步……

我们专门开了一次会，决定该怎么办。我们知道，如果我们不给中国送去原子弹，中国人一定会指责我们违背协议，撕毁条约等。最后，我们决定推迟给他们送去样品的时间。

涅金在其回忆录里也写道：

当时，原子弹的样品和资料确实已经装车待运，停在某个离中国不远的车站上，只等莫斯科下令。可是有一天，党的领导接到请示后非常愤怒："什么原子弹？运到哪里去？你们怎么了？都疯了？不要运，快点告诉他们，立即将所有材料销毁。"这样一来，材料销毁，那列专列开走了，警卫人员也撤走了。

而来华的苏联专家，因为受到其政府的影响，也不想或者不敢放开手脚去帮助中国同行。

派驻二机部的苏联专家组涅金、加弗里诺夫、马斯洛夫，来华时曾热情地许诺，要给中方详细介绍有关原子弹研制方面的情况。但真到介绍时,却只允许宋任穷、刘杰、袁成隆、钱三强几位部领导和九局的领导参加。开讲前,涅金还特别提出:"不能做记录,你们大致有个概念就行了。"

当时在场担任翻译的朱少华回忆说:

>介绍会安排在宋部长的办公室。涅金一开始就提出来,说不要记录,你们有个大致概念就行了,因为将来苏联不仅要运来原子弹模型,还要提供有关资料,并派专家来华帮助中国制造原子弹。实际上,这么一个复杂的工程,你叫他们三个人一天都给讲完,是不可能的,只能简单讲讲结构原理什么的。介绍当中,他在黑板上画了一点图,随后就擦了。我因为既要翻译,要想全记下来根本来不及。中间他又提过一次不要记。说实在的,最后大家也就不怎么记了,也记不下来。完了之后,涅金又提出,记录了的会后一定要收回。宋部长就有些不高兴了,说我是二机部的部长,由我负责。会后,吴际霖找我,说尽快把这些资料都整理出来,特别是画的那些图。我面对这些零散记录,真不知从何下手。因为对会议内容不熟悉,无法追记。硬着头皮整理了一份不像样的材料,交给了保密室。其实,做这种翻译,我不是行家里手,我是从作战部来的,搞战役训练的,跟王尚荣部长当过两任专家的翻译,我怎么会懂得这些呢?我不懂,专家倒是也很耐心,知道翻译不明白,就给你解释是哪几个俄文字。

对苏联专家的这次讲课，刘杰回忆说：

涅金他们三人刚来的时候，并没有准备详细地讲这些问题，他们只是先看一看你们准备得怎么样，保管原子弹样品的仓库怎么样，然后准备提供给我们原子弹教学样品。这时我们提出请他介绍一下核武器，以便更好地履行新技术协议。他说我找个时间来做一个介绍，你们负责人参加，人不要多。当时参加的人有我们几个部长，搞技术的钱三强同志和吴际霖、郭英会，才六个人。他讲的时候，我说你最好有个书面资料提供给我们，他说没有，只能做一个简单的介绍。又说讲的时候，不要记录，弄得很紧张的样子。他在黑板上画结构图，讲一些基本的原理，数据是很少的。当时他虽然不让记，实际上我们都记了，特别是钱三强和吴际霖记得更多一些。三位专家在中国期间，关于原子弹研制的讲课仅此一次。听完课后我们就凑，把专家讲的东西凑起来。当时钱三强同志讲，这些东西跟资本主义国家披露的基本原理是一样的，只不过详细一些。

涅金介绍完了以后，我们再问他问题的时候，他就避而不答了。我问他，你既然帮助我们搞原子弹，那么氢弹你是不是也可以说一说呢？他说这个不着急，以后总会有的。我们就一心一意地盼他们能够早给原子弹样品和技术资料。后来我们迟迟接不到这个东西，我们说，他不给我们就自己干。首先把苏联专家讲的东西汇总起来，由朱光亚同志把它添添补补，弄成一个完整的东西。

朱光亚领受任务后，将朱少华以及几位听课人并不完整的记录，进行了汇总和重新整理，搞成了一个相对完整的材料，还特意加了个序言。这个材料，在当时只起到了一个入门的作用，对具体如何研制原子弹基本没有涉及。

1958年9月，以涅金为首的三人专家组被提前召回国内，代之的是一位名叫列捷涅夫的专家。列捷涅夫是苏联核武器研究院的科学家，此人到九局后沉默寡言，更为消极。他要求大家先学习俄语，理由是掌握了俄语才能进行工作交流，其他问题一概不谈，被大家称为"哑巴和尚"。

朱光亚想了一招，就是逼"哑巴和尚"开口。九局翻译朱少华回忆说：

列捷涅夫和前面的加弗里诺夫几个人相比，不论是态度还是性格，都不太一样，寡言少语的。他提出来让我们的人学俄语，自己就在屋子里坐着，什么也不干。所以，大家给他起了一个绰号叫作"哑巴和尚"。吴际霖和郭英会都找过我，问这个专家他现在干啥呢，说得想个办法。这时候，宋部长来了，搞了个交底活动，就是向技术骨干交底，实际上就是苏联可能停止援助的底。然后，朱光亚又一个个找这些技术骨干谈话，分别根据他们研究和承担的任务，要他们找几个问题，从浅到深，从小到大，主动找苏联专家询问，这是逼着哑巴开口，叫挤牙膏。这可把我们翻译都忙坏了，今天安排你，明天安排他。对列捷涅夫来说，谈一般业务等方面的问题，他都说，但要具体谈到哪一个核心问题，他就不说了，只是说你现在先把俄语学好就行了。所以，这一段工作基本上是停滞的。

## 出任科技领头人

中苏关系处于一个非常时期，中共高层已预感到，苏共中央随时有可能撕毁协议和中止援助。

1959年9月，赫鲁晓夫访问美国，同美国总统艾森豪威尔进行了3天会谈，并发表了会谈公报。当有记者问他与美国人谈了些什么，赫鲁晓夫回答："和平、友谊！"

9月30日，赫鲁晓夫回国途中再一次来到北京，当晚就进行了中苏两党会谈。这次会谈充满了火药味。

赫鲁晓夫开场就说，通过对美国的访问，我认为艾森豪威尔总统是爱好和平的。接着话锋一转，指责中国在对待台湾问题上"好斗"，可能导致世界大战的爆发，并以曾经有过的远东共和国为例，表示可以让台湾先分裂出去。这下，在场的中国共产党领导人愤怒了。

毛泽东的脸沉了下来，冷冷地说："您的意思是，我们允许台湾的分裂，承认它是独立在中国之外的一个国家？"

赫鲁晓夫点点头："以后再让它回归中国嘛。"

毛泽东坚决地说:"办不到!你说的那个远东共和国我不了解,但我知道无论是以前的俄国,还是现在的苏联,无论是敌人,还是朋友,凡事关领土的问题,你们可是从来不客气、不手软,寸土必争,半点都不吃亏的!关于台湾问题,我们的态度是明确的,这是我们自己的事情,我们自己来解决。"

接着,赫鲁晓夫又谈到了中印边界争端问题。在他出访美国前,苏联政府就中印边界争端公开发表了一个声明,偏袒印度,指责中国。现在他又提出这个问题,并说:"中国是好斗的公鸡,让苏联很难办。"

中国领导人愤怒之极。陈毅一拍桌子,站了起来,说:"不让我们说,不让我们争,你是什么意思?12万多平方公里的领土,你让我们屁都不放一个,拱手相让吗?不是我们让你们难办,是你们太霸道,欺人太甚了!"

会谈不欢而散。

第二天,赫鲁晓夫见到毛泽东时,冷冷地说:"关于生产原子弹的事,我们是不是把专家撤回去?"

毛泽东不卑不亢地回答:"我们可以自己试试,这对我们也是个锻炼。"

赫鲁晓夫离开中国后,大家知道,苏联不可能提供原子弹的样品和技术资料了,技术援助也不会顺利地进行下去。毛泽东指示:要做好两手准备。周恩来则明确提出:"苏联不给,我们就自己动手,从头摸起,准备用8年时间搞出原子弹。"

二机部部长宋任穷随即召开党组会议研究应对之策。他说:

"毛主席让我们做好两手准备，那只手我们管不着，我们自己这一只手得干了，干起来再说！"

首先，得寻找一个技术带头人。宋任穷认为，二机部九局、核武器研究所、西北核武器研制基地对外是三个机构，对内就是一个领导班子。在这个领导班子里，缺少一个抓原子弹研制的科学技术领导人。他让钱三强推荐一位。

钱三强经过认真思考和反复比较，郑重地向组织推荐了朱光亚。他向宋任穷仔细讲述推荐理由后说："由朱光亚辅佐李觉是最合适的。"

1959年7月1日，二机部领导集体找朱光亚谈话。宋任穷严肃地说："光亚同志，我们想请你到核武器研究所参加领导原子弹研制工作，你看怎么样？"

朱光亚平时很沉稳，轻易不喜形于色，但听到宋任穷的问话后，一瞬间愣住了。他是知道苏联有可能停止援助内情的人。他的脸上露出了坚毅的神情，然后，毫不犹豫地表示："国家需要之际，自己当竭尽心力，为中国原子弹的研制贡献出全部的知识和力量！"

不久，朱光亚正式调入核武器研究所，被任命为研究所副所长。这年，朱光亚35岁。

钱三强晚年曾把推荐朱光亚作为选拔科技帅才的一个成功范例，在文章中这样写道：

> 他还属于当时科技界的"中"字辈，年仅三十五六岁，

论资历不那么深，论名气没有那么大。那么，为什么要选拔他？他有什么长处呢？第一，他具有较高的业务水平和判断事物的能力；第二，有较强的组织观念和科研组织能力；第三，能团结人，既与年长些的室主任合作得很好，又受到青年科技人员的尊重；第四，年富力强、精力旺盛。实践证明，他不仅把担子挑起来了，很好地完成了党和国家交给的任务，做出了重要贡献，而且现在已经成为我国防科学技术工作的能干的组织者、领导者之一。

1960年1月，中共中央政治局扩大会议在上海召开。会议经过分析后认为："苏联很有可能在不长的时间内，终止与中国在经济、国防和科学技术方面的援助。"

1960年2月4日，二机部党组又任命朱光亚为核武器研究所党委常委，全面主管科研、生产工作。

1960年3月，朱光亚代九局起草了《1960年工作计划项目（草案）》。草案明确了九局1960年的基本建设、科研机构、干部培训、生产准备等工作计划与进度要求。

1960年7月16日，苏联政府正式照会中国政府，宣布自1960年7月28日至9月1日，召回全部在中国工作的专家和顾问。同时，苏联政府还单方面撕毁了两国政府签订的12个协定，终止了343项专项合同和257个科学技术合作项目，并要中国归还在朝鲜战争期间购买苏联武器装备欠下的350亿元债务。

毛泽东得知后既不震惊，也不生气，而是意味深长地说：

"要下决心搞尖端技术。赫鲁晓夫不给我们尖端技术,极好!如果给了,这个账是很难还的。"

事实上,苏联照会未到之前,苏联专家已经开始悄悄撤离。特别是核技术方面的专家,走得最早。6月上旬,"哑巴和尚"列捷涅夫等人借口回国避暑就已离开了。7月6日,在北京核工程设计院工作的专家离开。7月8日,在西北铀浓缩厂的专家离开。到8月23日,来华帮助中国进行核工业、核技术工作的233名专家全部撤离中国,并带走了重要的图纸资料。

苏联专家走了,宋任穷召集各部门领导人开会,发誓要自力更生搞出中国的"争气弹"来。他激动地说:"空气动力学,有了'气',就有'动力'。苏联人不给我们技术,我们憋着一股气,一定要搞出原子弹来!"

朱光亚也召集核武器研究所各科研组组长开会。在会上,他详细地介绍了现有的技术资料,阐述了研制原子弹的目的和要求。他说:

> 由于苏联人撕毁了合同,我们的研究工作必须建立在自己工作的基础上,这些资料仅仅作为我们开展工作的一条参考线索。原子弹是世界上已经有了的东西,它的规律已经被人们所掌握,对于我们来讲,只是没有做过,没有经验而已。大家要开动脑筋,献计献策,只要我们破除迷信,辛勤工作,就一定会把原子弹研制出来。我们应当努力研制出爆炸力强、用核材料少、体积重量小的原子弹。

但是,我们当今的一切努力,均以"响"为目标。只要我们能完整地设计、制造出一个来,那么向高级发展便具备了重要条件。

1960年7月,朱光亚代九局起草《九局开展工作情况的报告》上报二机部。报告主要汇报了半年多来研究、设计、试制原子武器所取得的进展,提出了下半年必须研究的6个重点科研课题。该报告修改后,又作为《二机部党组关于研究和设计原子武器的情况报告》上报中央,毛泽东、刘少奇、周恩来、邓小平批阅了这份报告。

从此,中国核武器研制工作走上了自力更生、独立研制的道路。

## 各路诸侯会集

苏联撤走专家时曾撂下一句话:"离开我们,估计你们20年也造不出原子弹。"

朱光亚主持原子弹科研工作后,在二机部党组和九局的直接领导下,经过具体讨论,对原子弹研制工作进行了分解,确定研制工作分为三个阶段:1961年前,创造条件,全面探索;1962年,掌握基本原理和关键技术;1963年完成原子弹设计。

要完成这个宏伟目标,最紧迫的依然是人才,特别是能够顶替苏联专家的高端人才。为此,在中央有关部门的大力支持下，朱光亚协助李觉和钱三强，从全国选调技术人才，充实核科研力量。

于是，王淦昌、彭桓武、郭永怀、程开甲四位大科学家相继被调入核武器研究所，担任研究所副所长。

王淦昌时任中国科学院物理研究所副所长，主要从事基本粒子的研究。早在1942年1月，他在美国《物理评论》上发表了《关于探测中微子的一个建议》的论文，引起了实验物理学界的极大重视。1947年，他又发表了《建议探测中微子的几种方法》，提出了更新颖的探测思想。后来，有两位美国物理学家莱因斯和考恩按照他的方法探寻下去，终于发现了中微子，并因此获得了诺贝尔奖。

1956年9月，王淦昌作为中国全权代表，担任苏联杜布纳联合原子核研究所高级研究员，并领导一个实验小组开展高能物理实验研究。该研究所由苏联、中国等12个社会主义国家的成员组成。研究所安装着一台当时世界上最先进的、能量最高的加速器。1959年1月，王淦昌被选为该研究所副所长。1960年，王淦昌宣布，他领导的实验小组发现了反西格马负超子，这项重大科研成果轰动了核物理界。

彭桓武1935年毕业于清华大学物理系，是钱三强的师兄。1938年赴英国爱丁堡大学留学，导师是量子力学理论奠基人之一的马克斯·波恩。留学期间，他获得了两个博士学位。1947年回国，先后在云南大学、清华大学物理系任教。1955年10月，彭桓武以中国特派实习生身份，赴苏联学习核反应堆理论。从苏联回来后，他承担了培养中国第一代核反应堆人才的任务。1957年6月，他又受命参与建设中国原子能反应堆工程。

当时，彭桓武还不是中国共产党党员。钱三强代表二机部征询他意见时，彭桓武回答说："三强，这件事总要有人来做，国家需要我，我去。"没有豪言壮语，犹如当年他决定从英国返回中国。后来有人问他："为什么回国？有什么理由吗？"他回答说："回国不需要理由，不回国才需要理由！"

郭永怀是钱学森推荐的。原子弹研制涉及多种学科，其中，力学是不可缺少的。当时，中国顶级力学科学家钱学森曾向钱三强表示：如果原子弹研制工作需要，他可以担当这项任务。但那时钱学森已受命主持导弹研制工作。导弹和原子弹并称为"两弹"，是当年两项同等重要的国家任务。于是，钱学森推荐了郭永怀。

郭永怀1935年毕业于北京大学物理系，1940年赴加拿大多伦多大学留学并获硕士学位，1941年到美国加州理工学院研究可压缩流体力学，1945年获博士学位。1946年9月，受美国康奈尔大学邀请，任该大学副教授、教授。在美国康奈尔大学，接触机密科研资料需要填写一张表格，上面有一项："如果发生战争，是否愿意为美国服兵役？"郭永怀写了一个大大的"不"字。于是，他失去了接触机密科研资料的资格。新中国成立后，他和夫人李佩被禁止离开美国，直至1956年9月，才冲破阻挠得以返回祖国。回国后，郭永怀受钱学森邀请，担任了中国科学院力学研究所副所长，所长是钱学森。

程开甲早在中学时期就显示出数学天赋，能够轻松自如地将圆周率背诵到小数点之后60位数，将1—100平方表倒背如流。1937年考入浙江大学物理系，毕业后留校从事基本粒子研究。1946年赴英国爱丁堡大学留学，师从著名科学家马克斯·波恩。被誉为原子弹之父的奥本海默就是马克斯·波恩的学生。1948年，程开甲获博士学位后任英国皇家化学工业研究所研究员。

1950年夏，程开甲决定返回祖国。离开时，波恩亲自将他送到火车站。回国后，他先后在浙江大学、南京大学任教。1960年夏，一纸命令，让他去北京报到。李觉找他谈话时说："调你来，是想让你参加原子弹的研制。"并告诉他"这是国家最高机密。包括你所在的南京大学领导都不知道。是钱三强同志推荐的你，最后批准的，是总书记邓小平"。

这样，在朱光亚之后，核武器研究所又增加了4位技术副所长。其中，王淦昌、彭恒武、郭永怀是朱光亚的前辈，程开甲也比朱光亚年长5岁。他们各自分管一摊：王淦昌主管核武器爆轰物理研究，彭桓武主管核武器的理论研究，郭永怀主管核武器研制的实验和武器化工作，程开甲主管状态方程及爆轰物理的理论研究。

除了这几位技术领军的大科学家之外，二机部在此之前和之后还从全国调集了200多名高、中级科学技术人员到核武器研究所工作，包括邓稼先、陈能宽、周光召、龙文光、王方定等一批技术带头人。其中，邓稼先、陈能宽是最早调到核武器研究所的，分别担任理论部主任和实验部主任，这是核武器研究

二机部核武器研究所初创时期位于今北京市海淀区花园路的办公楼

院最重要的两个部门。

当年,原子弹研制工作刚起步,九局局长李觉就找到刘杰、钱三强,说:"现在最需要的是找一位能够担任理论部主任的科学家。因为,核武器理论研究是核武器研制工作的先导。这个主任业务要很强,一般强都不行。"钱三强笑呵呵地对李觉说:"这个人两年前我已经给你准备好了,他叫邓稼先。"

邓稼先在美国师从著名核科学家哈德尔,回国后,任中国科学院数学、物理、化学部学术秘书。他与人合作撰写的《辐射损失对加速器中自由振动的影响》《轻原子核的变形》等论文,为我国核理论研究做出了开拓性贡献。

陈能宽是金属物理学家,1947年赴美国耶鲁大学物理冶金系留学,获博士学位。1955年回国,任中国科学院应用物理研究所研究员。

陈能宽的夫人裴明丽回忆说：

> 那是1960年的夏季，有一天能宽从单位回来，吞吞吐吐地对我说："我要走了，要走很长时间。"
>
> 我感到很奇怪，平时他说话不这样躲躲闪闪的。他沉吟片刻后，又字斟句酌地说："如果组织上让我去一个你找不到，我也不能跟你联系的地方工作，你会理解吗？"
>
> 那时候，我们的组织纪律观念都很强，他不说，我也不再深问，只是说："如果是组织需要，我没有意见。"话是这样说，但泪水还是忍不住流了下来。后来我才知道，他是去搞原子弹了。

这些充满爱国情怀的科学家，为了祖国的强大，从此隐姓埋名，成为研制原子弹各领域的学术和技术带头人，大家戏称他们是"各路诸侯"。而作为研究所党委常委中唯一的科学家朱光亚，主管科研全局，是原子弹研制工作的最高技术领导人，责任重大，地位举足轻重。

中国工程物理研究院的前身就是核武器研究所，院党委宣传部在《深切缅怀朱光亚先生》的文章里这样写道：

> 核武器研制是涉及众多学科的大科学工程，包括理论、设计、生产、冷热试验、测试等各个方面，需要科技人员

通力协作，需要全国方方面面大力配合。无论是在长城脚下的工地，还是在一望无垠的戈壁、草原，无论是在简易工棚里的生产操作车间，还是在紧张的试验现场，朱光亚以其深厚的科学功底、卓越的科研组织领导才能，运筹帷幄、指挥若定，使整个组织像一台精密的机器，各项工作协同有效地运转起来。他仿佛是在用手中的笔，指挥着千军万马的科技大军奋勇向前，指挥着这个合唱团的各个声部合唱出最悦耳的旋律。

对朱光亚的这些评价，应该是真实的、贴切的。

## 向周总理汇报

1962年8月，中央工作会议在北戴河召开。会议期间，中央领导对原子弹研制进展情况十分关心，多次听取二机部工作汇报，热切期望早日制造出原子弹，增强我国的军事力量和政治地位。

1962年9月，时任二机部部长刘杰与钱三强、李觉、吴际霖、朱光亚等人经过认真研究，认为：

> 经过1961年、1962年两年自力更生的实践和艰苦工作，我国核工业建设和核武器研制有了很大进展。到1962年下半年，铀235生产线各个环节的技术难关，大都已经突破和

掌握；各项工程所需的配套设备、仪器、仪表，大都已经试制出来；整个铀235生产线的建筑安装工程已经完成80%以上；原子弹的力量设计、结构设计、工艺设计都已陆续开展；实现原子弹爆炸的一些关键技术，已开始被突破和掌握，整个研制工作已经由量变开始发生局部质变，通往胜利的道路已经看得比较清楚。形势发展需要提出一个新的目标和规划。

据此，由朱光亚执笔，拟就了《关于自力更生建设原子能工业情况的报告》。报告明确提出：争取在1964年，最迟在1965年上半年爆炸我国第一颗原子弹。

这份报告经二机部党组讨论通过，并决定以二机部党组的名义正式向毛泽东主席并向党中央呈报。在正式上报时，该报告标题改为《1963年、1964年原子武器工业建设、生产计划大纲》（以下简称《两年规划》）。这份报告就是二机部党组向毛泽东、党中央立下的军令状。

鉴于原子弹技术的复杂性和高度综合性，单靠二机部一个部门是很难完成任务的，它需要全国各方面的大力配合。据此，中共中央决定成立专门委员会（以下简称中央专委），加强对原子弹研制及国防尖端事业的领导。

1962年11月3日，毛泽东在成立中央专委的报告上批示："很好，照办。要大力协同做好这件工作。"

1962年11月17日，刘少奇主持召开中央政治局会议，对二机部上报的《两年规划》进行讨论。会议认为:"经过努力,即使1965年搞出原子弹来也是好的。"

同日,中央专门委员会成立。中央专委由15人组成:国务院总理周恩来任主任委员,国务院副总理贺龙、李富春、李先念、薄一波、陆定一、聂荣臻、罗瑞卿,以及国务院和中央军委有关部门负责人赵尔陆、张爱萍、王鹤寿、刘杰、孙志远、段君毅、高扬任委员。

中央专委是一个权力机构,其任务是加强对原子能工业建设和核武器研究、试验工作的统一领导。

1962年12月4日,周恩来召开中央专委第三次会议,专题审议二机部上报的《两年规划》。会上,刘杰、钱三强分别汇报了原子能工业生产、建设的进展和《两年规划》、原子弹研制等情况,朱光亚作补充汇报,并着重就原子弹装置的设计作了介绍。

朱光亚时年38岁,风华正茂。当他准备发言时,周恩来亲切地招呼道:"请光亚同志坐到前边来!"

《两年规划》制定出来后,朱光亚又随即组织力量,对"规划"的可行性作进一步分析论证,并亲笔撰写了一份实现《两年规划》的具体工作计划——《第一种试验性产品的科学研究、设计、制造与试验工作计划纲要(草稿)》及两份附件。当时为保密起见,第一颗原子弹装置以"第一种试验性产品"来代替。之后,在征求了有关同志对《计划纲要(草稿)》(含附件)的意见后,朱光亚经过进一步的修改和加工,又将《计划纲要(草稿)》(含附件),分拟成《原子弹装置科研、设计、制造与实验计划纲要及必须解决的关键问题》和《原子弹装置国家试验项目与准备工作的初步建议与原子弹装置塔上爆炸试验大纲》两份文件。

在文件中，朱光亚提出了"核爆试验拟分两步进行"的重要构想：

> 上述第一种试验性产品的科研计划，是以空中核爆试验为前提，但并不排斥将核爆炸试验分成两步来进行，即第一步做地面甚至地下爆炸试验，第二步做空中爆炸试验。
> 
> 就第一种试验性产品的核爆炸试验的科研要求而言，由于是头一次，先进行地面试验是更有意义的，因为这样将有利于安排更多的，能直接阐明产品动作规律的试验。

朱光亚后来在一篇回忆文章中这样写道：

> 争取在1964年、最迟在1965年上半年，爆炸我国第一颗原子弹的"两年规划"，是一项重大决策。为进一步分析研究其可行性，我们组织编写了《原子弹装置科研、设计、制造与实验计划纲要及必须解决的关键问题》与《原子弹装置国家试验项目与准备工作的初步建议与原子弹装置塔上爆炸试验大纲》。前一文件是阶段性总结分析报告，对我国在当时科学和工业基础薄弱的条件下很快完成第一颗原子弹装置的研制起了重要作用。后一纲领性文件是对下一

步工作的全面部署,明确提出了将核爆试验分两步走:第一步先以塔爆方式,第二步再以空投方式进行的方案。后来的实践证明这是一个切实可行的方案。它不但使我国第一颗原子弹爆炸的时间提前了,更重要的是能安排较多的试验项目,用来监测原子弹动作的正常与否,检验设计的正确性。这个大纲在第一颗原子弹研制及试验中也起了重要的作用。

因此,朱光亚向中央专委的汇报,观点明了,阐述清晰,特别是涉及相关技术性问题时的介绍,既通俗易懂,又科学准确,给与会领导留下了深刻印象。当朱光亚汇报完后,周恩来高兴地赞许说:"很好!很好!核武器研究所的同志们作了艰苦的努力,党和人民是清楚的。"

这次会议开了整整一天。中午,周恩来留大家吃饭。会议室后面的小餐厅里,摆了两张大圆桌。每张桌子上都有一大盆烩菜,里面是白菜煮豆腐和几个肉丸子,四周是几碟咸菜和烧饼。朱光亚被安排与周恩来同桌。坐在朱光亚边上的是石油工业部部长余秋里。他对朱光亚说:"这是总理倡导的国务院传统饭菜,既有营养又方便。"

会议结束时,周恩来特意握着朱光亚的手说:"请你回去告诉研究所的同志们,(毛)主席和中央领导同志感谢你们!人民感谢你们!你们要不懈地努力。"

据史料记载:中央专委从成立到我国第一颗原子弹爆炸成

功，共召开了9次会议，讨论解决了100多个重大问题。

这些会议，朱光亚大多参加了。李觉回忆说："每次向中央专委、总理汇报工作，朱光亚几乎都参加。在技术上他能给总理讲清楚。汇报之前，他要做大量的准备工作。"

中央专委的成立以及中央专委强有力的领导，使中国的原子弹研制走上了快车道。

## 取得关键突破

1963年初，位于青海金银滩的核武器研制基地基本建成。二机部党组决定，从3月起，核武器研究所科研人员从北京陆续迁往核武器研制基地。

据资料记载，金银滩海拔3200余米，属于高寒缺氧地区，人走路快一点就会感到胸闷。因为气压低，煮的饭是夹生的，喝的水是烧不开的。这里年平均气温在摄氏零下4度，5月份有时还会下雪，入冬后更是一片冰天雪地，最低气温可达摄氏零下30多度。

由于当时基地建设，坚持的是先科研后生活的方针，首先抢建的是科研设施和生产线，然后才是宿舍等生活设施，不少科研人员去后，还得先住简易土坯房和军用大帐篷，条件十分艰苦。二机部部长刘杰特意请张爱萍上将为核武器研究所科研人员和干部职工作动员报告。

张爱萍时任中国人民解放军副总参谋长兼国防科委副主任，

青海核武器研制生产基地,我国第一颗原子弹和第一颗氢弹都诞生在这里

协助聂荣臻和中央军委主抓原子弹研制工作。在他领受中央交给的这项光荣而艰巨的任务时,做的第一件事就是拜师学艺,拜的第一位老师就是朱光亚。

那天,他独自一人来到核武器研究所,直接进了朱光亚办公室。朱光亚见是张爱萍,以为首长是来检查工作,下意识地就要汇报,张爱萍马上摆摆手,说:"不!不!我今天不是来听汇报的,而是向你请教来的。"

朱光亚一听,又是摇头又是摆手,说:"张副总长,是开玩笑吧?向我请教?别这么说。"说着,继续翻着材料。

张爱萍说:"真的,我真的是来向你请教的。"接着又说:"我只知道山药蛋,不懂什么原子弹,我这是临时抱佛脚,来求

1963年，青海核武器研制生产基地的生活工棚

你这尊大菩萨了。"

一位身经百战的老将军，一位年轻有为的科学家，由此结下了长达几十年的战斗友谊。

这次为核武器研究所科研人员作动员报告，张爱萍依然十分谦逊。他望着鼓掌欢迎他的科研人员风趣地说："先别鼓掌，我可是来动员你们到古代'充军'的地方去啊！"

张爱萍的动员报告只作了10分钟，但却是激情澎湃，极富感染力。他上来就吟了两首唐诗，诗中有这样两句"劝君更尽一杯酒，西出阳关无故人"；"羌笛何须怨杨柳，春风不度玉门关"。接着，张爱萍讲道：

大西北，我去过。玉门关，又叫小方盘城，在戈壁滩上。那里一片茫茫，人迹罕至。这个地方苦不苦？当然苦！所以王维在1300多年前就说是非常困苦荒凉的地方，连春风也过不了玉门关。就是1300多年以后的20世纪60年代，由于遭受严重自然灾害，那里还是很苦的。因此，有些同志怕去了不适应，影响研制原子弹，这也是很自然的，可以理解。不过，也绝对不是像王维所说的"西出阳关无故人"，连一个人也见不到。根本不是那么一回事！1958年，解放军工程兵部队就已经进驻那里开辟、建设核试验基地、导弹发射基地和储存器材仓库基地了！他们正等待着你们，正准备欢迎你们呢！他们已经为你们建了宿舍和实验室，你们现在去的生活条件，要比他们去的时候好多了！你们说是不是呀？

至于王之涣在诗中说的"春风不度玉门关"，无疑也早已成历史了。工程兵部队早已把"春风"带出了玉门关。经过三四年的开辟、建设，那里的环境得到很大改变。你们这批科技精英去了，那里的"春风"会变得更加和煦，更加温暖。

过去有句俗话说："知识分子手无缚鸡之力。"这里，我要把它改成"知识分子有擎天之力"！你们这些知识分子，不，你们这些大知识分子，到了那里，将要亲自制造倚天长剑——原子弹。到那时，我们祖国必将处处是和煦、温暖的春天！

动员报告结束时，张爱萍和科学家们齐声吟诵王昌龄的《从军行》：青海长云暗雪山，孤城遥望玉门关。黄沙百战穿金甲，不破楼兰终不还。

这是将军和科学家们的出征誓言！最后，张爱萍大声地说："我要宣布一件事，中央决定派我和你们一起去西北。我打前站，会后就走。我向你们表示：我愿当你们的服务员，做好你们的后勤保障工作。"

1963年4月2日，毛泽东、周恩来、邓小平等中央领导在人民大会堂亲切接见二机部科学家代表。朱光亚等78名同志受到接见。这是党中央为他们出征壮行。接见时，邓小平代表党中

核武器研制生产基地科研区

央下达了动员令。

在青海金银滩，朱光亚作为最高技术领导人，不仅精心统筹原子弹研制全局，还亲自担任课题负责人，领导核武器研究所中子物理和放射化学实验室和中科院原子能研究所化学实验室的科研人员进行中子点火发生器的科技攻关。

原子弹的点火装置，称为点火中子发生器，也叫点火中子源，它是核武器的关键部件之一。

爱因斯坦曾经预言：用中子轰击核原子，可能引起核爆炸。这后来被科学家所证实。这也是原子弹实现核爆炸的基本原理之一，即在核裂变材料达到超临界状态时，注入点火中子，从而引起剧烈的链式反应，使裂变核材料燃烧起来，释放出巨大的能量。

组织科研攻关，朱光亚同样显示出了高超的领导艺术。他把两个研究室的科研人员分成三个小组，分别采用三种方法去攻关，称之为"三种思路齐头并进"。

对这三个小组的工作进展，朱光亚都要亲自了解情况、听取汇报和提出问题，并要求每个小组详细写出工作总结。研读完三个小组的工作总结后，朱光亚高屋建瓴地提出：先按其中最有希望的一种办法做，另外两种办法作为技术储备继续做下去。

当用第一种办法做出好征兆样品后，需要做放射性剂量分析。这是一项具有危险性的工作。放射性物质一旦泄漏，在场人员就有可能受到沾染。主持做放射性剂量分析的是一位青年科研人员，名叫王方定。他没有想到，在做放射性剂量分析的时候，朱光亚不仅来到实验室，还站在他背后看着他操作。回忆起这段往事，王方定感慨地说：

> 朱先生身着实验服站在我身边，长时间地看着我做实验，不仅鼓舞我一个人，也使在场的全体工作人员深为感动。
>
> 三种思路齐头并进，出现苗头集中突破，对后两种思路穷追不舍，并作为后续突破工作的技术储备的决策，把高层管理者的重要作用表现出来了。特别是后两种思路的成果，在多年之后的新的研制中又派上了大用场，朱先生真是站得高、看得远！

在攻克点火中子源的同时，朱光亚还亲自主持了核材料的临界、次临界实验。与核材料打交道，首先就要了解它的"脾性"，即掌握核材料临界、次临界的数据。

由于我国核材料的勘探尚处于初级阶段，有关核材料的临界、次临界数据自然也是空白。朱光亚兼任研究室主任，率领研究室人员白手起家，从制定方案、研制实验装置、探索实验方法、验证临界参数、研究宏观中子参数测量，先后组织了上千次实验，终于掌握了临界、次临界安全数据。

可以说，点火中子源和核材料临界、次临界实验，是原子弹研制的两项基础性工作。它们的突破，为原子弹的爆破铺平了前进的道路。

# 第九章

# 惊天动地

## 聚合爆轰试验

要让原子弹实现超临界状态有两种方法:"枪法"和"内爆法"。据《中国军事百科全书》相关条目介绍:

> 原子弹的设计原理,是使处于次临界状态的裂变装料瞬间达到超临界状态,并适时提供若干中子触发链式裂变反应。超临界状态可以通过两种方法来达到:一种是"枪法"(gun method),又称压拢型,即把2—3块处于次临界状态的裂变装料,在化学炸药爆炸产生的高压力推动下迅速合拢成为超临界状态。另一种是"内爆法"(implosion

method），又称压紧型，即用化学炸药爆炸产生的内聚冲击波和高压力压缩处于次临界状态的裂变装料，使其密度急剧升高，达到超临界状态。与枪法相比，内爆法可少用裂变装料，因而被广泛采用。

1945年8月，美国在日本广岛、长崎投下的两颗原子弹，一颗是枪法铀弹，一颗是内爆法钚弹。

我国第一颗原子弹的设计，不同于美国的那两颗原子弹，有着自己独特的地方。它的核装置采用的是技术上比较先进的内爆型，裂变装料采用的是铀235。其爆炸过程：引爆控制系统在预定时间或条件下发起引爆指令，使高能炸药起爆，炸药的爆轰产物推动并压缩反射层和核装料，使之达到超临界状态，中子发生器适时提供若干"点火"中子，于是核装料内发生链式裂变反应，并猛烈地释放能量。

从高能炸药起爆到中子点火前是爆轰、压缩阶段，通常要几十微秒；从中子点火到链式裂变反应熄灭是裂变放能阶段，只需要十分之几微秒。因此，爆轰试验在原子弹研制中是非常重要、不可缺少的阶段。

爆轰试验主要有两个目的，一是验证原子弹的理论设计，对部件进行动态考核，从理论与实验结合上来完成和完善理论设计；二是通过试验来解决原子弹研制中的一些关键问题，摸索产品设计的基本规律和各种参数的设计方法，解决理论计算无法解决的问题。

研制我国第一颗原子弹点火中子源的试验工棚

1963年5月,朱光亚起草了《第一期试验大纲》。大纲提出:先在地面上进行一次静态聚合爆轰试验,验证产品的核心部分动作"灵"与否。如果"灵"了,3个月到半年后再进行动态聚合爆轰试验。聚合爆轰试验由于不涉及核爆,又称之为冷试验。

为了掌握爆轰试验技术,摸清原子弹的内爆规律,王淦昌、郭永怀、陈能宽、邓稼先、钱晋、周光召等科学家做了大量前期实验工作,先后进行了上千次爆轰实验。

爆轰实验场选在燕山深处某部工程兵弃用的靶场。为了方便起见,大家给它起了一个代号:"17号工地。"这里工作设施很简易,一座碉堡、几排土坯房、十几顶军用帐篷,野外爆轰实验工作的艰苦可想而知。

朱光亚经常深入现场,了解工作进度,听取工作汇报,并与王淦昌、陈能宽一起,提出了爆轰实验的"三部曲":每次实验课题都要详细调研,经过认真论证后,写出设想方案;在执

为研究原子弹筹建的我国第一个爆轰试验场

行方案过程中要制定工作计划；完成实验后要写出工作总结。

陈能宽回忆这段历史说：

> 1960年6月，我从中国科学院调到二机部核武器研究所二室，在光亚的直接领导下从事原子弹的研制工作。
>
> 当我知道任务和较为具体的工作内容后，既感到光荣又感觉知识不足。我原是学物理冶金和金属物理的，对搞原子弹所需要的核物理知识，以及要求我转行主攻的有关炸药、爆轰方面的知识，都是外行。我向光亚同志求教应如何开始工作，他一方面传达上级精神，说要自力更生，以任务为纲，摸着石头过河，边干边学，干成学会；另一方面他指出，要发扬学术民主，发扬科研人员积极性，组

织集体攻关。对我影响最大的是，光亚严于以身作则，对于多学科的新知识和技术，都能学在专业人员的前面。那时，包括光亚在内的老科学家，无不谦称自己搞原子弹是外行，彼此之间切磋琢磨，学风十分可贵。

我和同事们在长城脚下的"17号工地"白手起家，两年内进行了上千次爆轰实验，初步带动了有关炸药和加工工艺以及光电测试等技术攻关。光亚经常冒着刺骨寒风，与老一辈科学家不时地赶到实验场地，观看、指导实验。记得当时缺乏爆轰实验测试技术手段，光亚听说后，建议用唯象研究方法过技术关，对我很有启发。我体会到，原子内爆是个新的科学技术领域，也是机密性很强的技艺诀窍的综合。光亚要求我们必须在研究方法和思想方法等多方面，要有所创新，既要注意逻辑思维分析，也要注意形象思维。

1963年到青海金银滩后，光亚又多次指导我们进行大型爆轰实验。他与李觉、吴际霖、王淦昌、邓稼先、周光召等都去了，他们都实实在在地进入角色。因为光亚积累了各方面情况，所以能够写出超脱性、综合性的报告。

在多次爆轰实验的基础上，李觉、吴际霖、朱光亚等领导研究后决定，进行第一次缩小尺寸（1∶2）的全弹（未装铀芯）聚合爆轰试验。

1963年12月上旬，周恩来主持召开中央专委会第七次会议，贺龙、聂荣臻、李先念、薄一波、罗瑞卿、张爱萍、刘杰等委员以及钱三强、李觉、朱光亚到会。

刘杰首先汇报了原子弹工作进展情况，并报告了准备在近期进行一次聚合爆轰试验：按原子弹尺寸，做一个缩小一半的模型，除了没有铀裂变材料，其他一切都是真的。

因为专业术语太多，尤其是中子点火源，许多领导同志听不太懂，搞不清是什么东西。周恩来就请朱光亚详细介绍一下。朱光亚形象地讲道：

> 是这样，人们都知道，点燃鞭炮需要的是明火，引爆一枚炸弹，需要雷管，倘若没有明火和雷管，就无法使鞭炮和炸弹炸响。那么，搞响一枚原子弹，需要什么呢？爱因斯坦讲过，如果中子轰击核原子，就可能引起核爆炸。但是具体在什么条件下，什么压力，什么温度，需要多少中子，不会有人告诉我们，只有靠我们做爆轰出中子的实验。倘若没有足够数量的中子，即使造出原子弹来，也只是个哑巴，它不会响的。

众人听后频频点头，基本都明白了。

刘杰又补充说："通过实验得到的数据，将决定我国第一颗原子弹能否在预定时间内炸响，所以这次爆轰试验非常重要！"

周恩来等中央领导纷纷表示赞许，又问："什么时候进行聚合爆轰试验？"

钱三强大声地说："指日可待！"

1963年12月24日，聚合爆轰试验进入倒计时。

王淦昌、朱光亚、彭桓武、郭永怀、邓稼先、周光召等人早早来到了实验场。

一切准备完毕，全体人员进入掩体，陈能宽下达了"起爆"命令。

只见火光冲天，地动山摇，巨大的火球翻滚着向上升腾，示波器上闪出了蓝色光亮。

40分钟后，测试底片被冲洗出来：向心爆轰波理想，点火装置点火成功！

这标志着原子弹研制有了重大突破，只要装上核部件，我国第一颗原子弹就能进行总装了。朱光亚执笔撰写了这次原子弹缩小尺寸聚合爆轰试验的总结报告。

1964年6月6日，又进行了全尺寸（1∶1）聚合爆轰试验。试验再次获得圆满成功。它表明我国原子弹的理论设计、结构制造、加工能力、实验测试等方面都取得了实质性进展，距爆炸第一颗原子弹仅一步之遥了。

中央专委发来贺电。亲临试验场的张爱萍兴奋之余，赋诗一首，题为《诗赠光亚同志并转核武器研究院全体同志》：

祁连雪峰耸入云，
草原儿女多奇能。
炼丹修道沥肝胆，
应时而出惊世闻。

## 美苏图谋遏制

1964年3月，经中央批准，二机部党组决定撤销九局，将九局与核武器研究所、青海核武器研制基地合并为中国核武器研究院（对外称九院），李觉任院长，吴际霖、朱光亚、王淦昌、彭桓武、郭永怀任副院长。

1964年4月11日，中央专委召开第8次会议。会议决定：抓紧做好第一次核试验的一切准备工作。

会后，朱光亚主持拟定了《596装置国家试验大纲》。《大纲》对第一次核试验的试验目的作了阐述："最后检验596装置的动作性能，测定其威力、效率（有效作用系统）以及各种核物理、放射化学参数，验证其理论与技术设计。"

"596"是第一颗原子弹的代号。取这个数字，其含义是勿忘1959年6月苏联撕毁协议，用以激励斗志。

美国一直高度关注中国原子弹研制进程。早在1963年，美国就从情报中获知，中国原子弹研制正在接近成功，这引起美国高层不安。美国总统肯尼迪捎信给赫鲁晓夫，建议举行削减核武器会谈，禁止在大气层举行核试验。此前，肯尼迪在美国国家安全会议上说：禁止核试验的主要意义，在于阻止其他国家，尤其是中国发展核武器。

原本对削减核武器会谈不感兴趣的赫鲁晓夫，此时心有灵犀，觉得应该认真考虑美国总统的建议。他对苏联外长葛罗米柯说："举行削减核武器会谈，也许是一件一举两得的事，我们可以向全世界表明，苏联人民是爱好和平的。条约如果谈成了，也许还能阻止中国生产核武器。"

1963年7月25日，苏联、美国、英国三国代表在莫斯科经过会谈，签订了《关于禁止在大气层、外层空间和水下进行核试验》条约。这个条约也称为部分禁止核试验条约，其真实意图显而易见。俄罗斯核问题专家克鲁普诺夫在一篇文章中这样写道："冷战时期，苏美争夺世界霸权的同时，都在极力遏制中国在国际上的影响，也就是说，谁都不希望中国强大。苏中分裂后，赫鲁晓夫也想寻求美国的支持，以便打击中国，不愿意看到这个邻居迅速强大起来，对苏联构成真正的威胁。"

条约公布后，周恩来对毛泽东说："赫鲁晓夫公开讲，必须对富有野心的中国施加压力，让他们遵守条约规定，并且采取联合措施，从各种渠道阻止中国得到一切有关核武器的技术。"

周恩来又说："主席，这个条约不包括禁止地下核试验。也就是说，美、苏、英三国，可以继续通过地下核试验发展核武器，而中国等国家要进行一般性核试验发展核武器的权利被剥夺。我看，这个条约不仅不能减少核战争威胁，反而大大增加了核战争的危险。"

毛泽东问："我们搞原子弹，能搞地下核试验吗？"

周恩来说，他已经专门找过二机部专家论证，在目前条件下，中国还不能进行地下核试验，我们第一次核试验只能在大气层进行。

毛泽东生气地说："欺人太甚！三家条约，想让我们停下来，没那么容易！我们要发表声明，揭露这个条约的歧视性，指出其目的，在于巩固核大国的垄断地位，束缚别人的手脚。"

毛泽东接着又说："原子弹100年也要造出来，有什么办法？没有那东西，人家就说你说话不算数！"

从毛泽东处回来后，周恩来指示刘杰，组织有关人员对美、苏、英签署的部分禁止核试验条约进行分析，为我国政府的严正声明提供资料。

刘杰又将这项任务交给了朱光亚。经过有关人员认真分析，朱光亚主持撰写了研究报告，认为：

> 美、英、苏三国在大气层的核试验已经试验够了，主要的资料他们已经得到，已经不需要在大气层中试验了，可以转入地下继续核试验，继续生产，大量储存，向盟国扩散。因此，三国条约草案是几个核大国企图垄断核武器，企图通过这个条约捆住中国的手脚，限制我国独立自主发展自己的核力量。

研究报告很快呈送给了周恩来。之后，朱光亚又以研究报告为基础，主持撰写了供《人民日报》参考的《停止核试验是个大骗局（提纲）》的文章。

不久，新华社播发了《中国政府声明》——

"苏联领导人讲不出什么道理为三国条约辩护,就诉之于诬蔑中国,1959年,为了向美国送礼,苏联领导人拒绝向中国提供制造核武器所需的技术资料。但是我们为了顾全大局,一直没有讲这件事情,甚至在兄弟党之间也没有讲。如果不是苏联领导人伙同美帝国主义压迫中国承担义务不生产核武器,我们本来是不准备讲的。"

"在苏联领导人看来,整个世界和全人类的历史,都是围着核武器在转的。因此,他们紧紧抱着自己的核武器,唯恐旁人拿去,唯恐旁人也有,打破他们的垄断地位,他们的神经就很紧张。他们把中国对三国条约提出的原则性的批评,说成是中国想要原子弹而不得。"

"苏联领导人嘲笑中国落后,未免太早了。……不管怎么样,即便一百年也造不出什么原子弹,中国人民也不会向苏联领导人的指挥棒低头,不会对美帝国主义的核讹诈下跪!"

中国将研制原子弹的决心公之于世,但美国并不甘心。

1964年8月,美国中央情报局经过情报分析,向白宫报告说:根据新拍摄的太空照片,现在有充分的理由认为,中国西部一个可疑的设施,是一个能在两个月内投入使用的核试验基地。

美国国防部甚至设想了四种打击中国核设施的方式:一、由美国进行空中打击;二、由盘踞在台湾的蒋介石政府派战机空袭；三、在中国内部雇用特工进行破坏；四、空投蒋介石政府的行动小组进行攻击。

美国中央情报局认为：在中国核武器研制的现阶段，摧毁核工厂并且使人看来像是发生了一次原子事故一样，这在技术上是可能的。只要高能炸药而不用核武器，就可以完成一次"外科手术式"的打击。

美国《星期六晚邮报》甚至发表文章称："总统和他的核心顾问们原则上都认为，必须不惜一切代价来阻止中国成为一个核国家""让中国共产党在核方面绝育"。

就在美苏图谋遏制中国掌握核武器时，中央专委于9月16日、17日连续两天召开会议，研究核试验问题。中央专委委员全部出席。二机部领导、中国核武器研究院李觉、朱光亚等主要领导列席会议。

张爱萍代表核武器研制、试验部门向中央专委提出了两个方案：一是早试，定于10月至11月之间进行第一颗原子弹爆炸试验；二是晚试，推迟到1965年开春以后进行核试验。

接着，罗瑞卿大将讲了一个情况：据公安部报告，9月12日出版的美国《商业周刊》讲，要打击我核基地。罗瑞卿接着说："我们分析，这是他们的一贯作法，先试探一下，看我们的反应。"

周恩来最后表态说：

> 最近一段时间，对我动手的迹象、说法很多，他们对我们的情况大体是掌握的，动手的说法不是空穴来风，不

论是真是假，我们都要做好充分准备。我们如果现在进行核试验，美国可能来轰炸，但不管它怎样轰炸，我们都得试验。赫鲁晓夫说我们搞不出来，美国人也说我们不行，我们终于搞出来了，我们搞出来的目的就是为了打破核垄断。假如我们不做试验，那么，他们就会讲我们不行，我们怕，所以我们必须搞试验。即使遭到帝国主义的破坏，也在所不惜。至于试验的具体时间嘛，还要仔细研究。

会后，周恩来立即面见毛泽东，将早试和晚试两种方案作了汇报。毛泽东思索良久，说道：

你们想得很细，有道理呀。帝国主义不希望我们搞成原子弹，修正主义也不希望我们搞响。他们怕嘛！以后中国就更不好欺负了……要我看，原子弹是吓唬人的，不一定用。既然是吓唬人的，就早响嘛！

一锤定音！

## 核试验开创者

1964年8月23日，经中央军委批准，成立了由34人组成的中共首次核试验委员会。其中，由张爱萍、刘西尧、成钧、张震寰、张蕴钰、李觉、朱光亚、毕庆堂、朱卿云、张志善、程开甲、邓易非12人组成常委会,张爱萍任书记,刘西尧任副书记。首次核试验党委常委会是核试验场区最高指挥部。

同时,中央军委还批准成立了由68人组成的首次核试验委员会。张爱萍任主任委员,刘西尧、成钧、张震寰、张蕴钰、李觉、朱光亚、程开甲、毕庆堂、朱卿云任副主任委员。王淦昌、彭桓武、郭永怀、邓稼先、陈能宽等科学家均为该委员会成员。

在首次核试验党委会上,张爱萍讲道:"我受中央和军委委托,来组织这次试验。气象保障由总参谋部、兰州军区、新疆军区共同负责;通信保障由总参通信部和国家邮电部共同负责;安全防护保障由防化兵部负责;空勤保障由空军负责;后勤保障由总后勤部负责。我们务必按照中央的要求,大力协同,确保原子弹爆炸成功!"

张爱萍点到的这些单位,都是首次核试验的保障单位,真正的主角是核武器研究院和核试验基地。核武器研究院是原子弹研制单位,核试验基地是核试验实施单位。

曾任中共中央政治局常委、中央军委副主席的刘华清说过:"我国发展核武器有两支队伍,一支是研制队伍,一支是试验队伍。两支队伍互相信任、互相支持、互相帮助、互相促进,这才保证我国的核武器能以较少的投入和较少的试验次数取得这么高的水平。"

1958年4月,中央军委决定组建核试验基地。

1959年3月,国防部正式批准在新疆罗布泊地区建设核试验场。

1959年6月,总参谋部下达命令,核试验部队对内称为"中国核试验基地"。

1959年11月,中共中央书记处批准了《核试验基地建设方案》,其主要任务是提供核试验的各类技术、工程和生活保障,研究核武器效应和战争条件下核武器的使用与防护,进行核武器使用演习等。这些任务的拟定,基本参照了苏联核武器试验场的模式。

1962年,核试验基地建设初具规模。但由于受苏联模式的影响,基地的核试验技术研究力量明显薄弱。

刘杰、钱三强、李觉、朱光亚等人认为,要在1964年爆炸我国第一颗原子弹,必须兵分两路:一路人马从事核武器研制,集中精力搞好核装置研制;另一路人马提前进行核试验技术攻关。

如何进行核试验技术攻关?朱光亚建议,核试验基地要尽快建立核试验技术研究所,并详细地提出了核试验的项目与任

当年中国核试验基地官兵修建的地窖营房

务及核试验技术研究所的专业设置与规模,并认为在试验任务期间,核试验技术研究所应该成为国防科委组织核试验方面的参谋部。

朱光亚的这些建议受到了中央军委和有关部门的高度重视。1962年10月16日,张爱萍召集钱三强、朱光亚等人商定,在核试验技术研究所组建期间,核试验基地的核试验技术方面的工作先由二机部统一规划、具体组织。

朱光亚在与钱三强、程开甲等人深入讨论后,执笔起草了《关于迅速组织某项目基地所属研究所并安排国家试验各项准备工作的建议》(以下简称《建议》)。在《建议》中,朱光亚对研究所的组成、技术骨干的选调、党政领导的配备、现有青年技术干部的科研与培训,以及研究所的选址与筹建、近期任务与外部协作安排等问题提出了具体意见;对我国第一次核试验的技术准备乃至建立中国特色的核试验技术体系提出了方向性意见。

曾担任过中国核试验基地司令员的范如玉、刘国治在一篇回忆文章中写道:

> 朱光亚作为我国核武器研制的科学技术领导人,参与了应该建设一个什么样的核试验基地和许多关于核试验技术发展的重要决策,奠定了我国独立自主地发展核试验技术体系的基础。
>
> 1962年10月,朱光亚亲自起草了《关于迅速组织某项目基地所属研究所并安排国家试验各项准备工作的建

议》……《建议》不仅为国防科委和中央军委做出组建核试验技术研究机构等重大决策提供了重要的科学依据，而且解决了基地研究所专业应当如何设置、学科应当如何建立、核试验准备工作中需要解决哪些关键技术等重大问题，对于建设一个什么样的核试验基地具有非常重要的指导意义。

《建议》于1962年10月25日呈报国防科委。10月30日，国防科委又将《建议》呈报中央军委副主席聂荣臻。12月30日，总参谋部决定组建核试验基地研究所。1963年7月12日，核试验基地研究所正式成立。曾任核武器研究所副所长的程开甲被任命为核试验基地研究所首任所长。

为了保证核试验顺利进行，1964年4月，李觉、朱光亚远赴新疆罗布泊，在核试验基地及核试验场区进行了为期9天的实地考察。

他们先是乘坐火车、汽车，行程上千公里，对青海金银滩至新疆罗布泊沿途的铁路、公路及站台转运、气象、历年气候变化等情况，进行了详细调查。

在核试验基地，他们又听取了张蕴钰司令员关于工程进展、后勤保障等情况介绍，并深入到核试验场区进行调研，考察了核试验场区指挥中心设施及简易机场，并召开了用于原子弹试验的铁塔装置的技术会议。

针对实地了解到的情况和存在的问题，朱光亚重新起草了有关核试验文件。

其中，对用于原子弹试验的铁塔装置，朱光亚提出了更为细致的技术要求，包括塔顶工作间的面积、通风与保温、通信保障、简易吊车、电源、照明、防雷击设备、信号灯等环节，事无巨细，无一遗漏。

对原子弹的运输方案也进行了修改和补充。由于之前进行了实地调研，朱光亚对哪一路段需要空运，在空运过程中要注意什么问题；哪一路段需要陆运，在陆运中应行驶什么路线；翻越天山时，要注意什么事项等，都提出了具体要求。并且要求参试人员进入核试验场区，一定要了解空运路线有什么问题，最好不要坐飞机。

经二机部党组批准，核武器研究院也成立了首次核试验委员会。李觉任主任委员，朱光亚任副主任委员。

1964年8月初，青海金银滩。中国第一颗原子弹开始在核武器研制基地总装。李觉、朱光亚亲临现场直接指挥。张爱萍、刘西尧也特意从核试验场飞赴金银滩。

装配开始前，张爱萍、刘西尧在李觉、朱光亚陪同下，看望了全体装配人员。

张爱萍亲切地说："你们来自五湖四海，为了一个共同目标：第一颗原子弹！现在，你们要像父母爱护婴儿那样爱护它呀！"

刘西尧补充说："你们就像接生员，婴儿要出生了，娇嫩得很，要细心、再细心！"

装配大厅，宽敞明亮。原子弹的各种零部件，静静地躺

科研人员和官兵在中国核试验基地部署核试验装备

在那里。

安全线外,张爱萍、刘西尧、李觉、朱光亚、郭永怀、邓稼先、周光召等人坐在指挥台前。

现场总指挥吴际霖一声令下:"总装——开始!"

装配人员走向各自岗位,紧张有序地开始对原子弹进行总装。

原子弹总装按计划要进行3天。第三天,张爱萍等人又来到了装配大厅。当我国第一颗原子弹总装完毕时,张爱萍情不自禁地站了起来,一边鼓掌,一边大声地说:"祝贺同志们!这个产品是雕刻出来的,是千千万万人用自己的双手、生命,雕刻出来的!"

在场的领导、科学家和装配人员都激动地流下了热泪。张爱萍深情地说："谢谢同志们！我们有了原子弹，应该自豪，不要流泪，应该高兴啊！"

是的，中国第一颗原子弹即将横空出世。

## 决战时刻到了

1964年9月29日，原子弹从青海金银滩起运。

朱光亚通过专线向北京报告："邱小姐已上轿。"

在这之前，9月23日下午，周恩来在中央军委办公厅会议室，召集贺龙、陈毅、罗瑞卿、张爱萍、刘杰、刘西尧开了一个绝密会议。

周恩来首先传达了毛泽东的指示，然后非常严肃地说：

> 既然决定早试，那就按10月份早试的方案进行。张爱萍、刘西尧赶赴试验现场组织指挥；刘杰留在北京主持二机部、国防科委组成的联合办公室，负责北京与试验场的联络，并负责组织有关核工厂的关键技术资料、仪器设备的安全转移，防止敌人轰炸把我们的家底都毁了；陈毅组织外交部做好对外宣传工作的准备。如果敌人袭击，一定要保护好我们的专家、核研制基地、重要的核工厂。保密问题，尤为重要。上梁不正下梁歪，你不注意，下面的人就乱来。这方面我历来注意，是在白区搞地下斗争养成的。我保密柜的钥匙都是我亲自保管。给毛主席的信，信皮都

是我亲自写，不要人代，已成习惯了。希望你们对家里人也不说，不要一高兴就说出去。对谁都不能讲。

周恩来率先垂范，据邓颖超在纪念周恩来90诞辰时回忆说："我国第一颗原子弹爆炸前，他也向我保密，事先我一点也不知情。"

会议结束时，周恩来指示：为了确保核试验场与北京之间的联络保密，应规定出一些暗语和密码来，今晚就制定出来。

在张爱萍亲自主持下，有关人员立即着手编制暗语。参加编制暗语的总参作战部参谋兼首次核试验委员会办公室主任的李旭阁回忆说：

> 我与二机部办公厅主任张汉周，二机部部长刘杰的秘书李鹰翔，国防科委的高建民处长一起编暗语。因为首次核试验的原子弹是圆形，大家同意，将原子弹取名为"邱小姐"，将装原子弹的平台叫"梳妆台"，连接火工品的电缆像头发一样长，叫"梳辫子"。我写完后，当天晚上便送给了张爱萍，密码对照表上规定：正式爆炸的原子弹密语为"邱小姐"，原子弹装配为"穿衣"，原子弹装配车间，密码为"住下房"，吊到塔架上的工作平台为"住上房"，原子弹插火工品，密码为"梳辫子"，气象的密码为"血压"，起爆时间为"零时"。有关领导也有相应的代号。张副总长看了后连声说："旭阁，你们编得好，既形象生动又

隐秘难猜。"

原子弹分两部分装运。大部分部件由专列火车运抵乌鲁木齐，最关键的两个部件——铀球和点火中子源，则由另一专列运至西宁后，再由经过保温改装的伊尔14运输机运往核试验基地。

根据周恩来的指示，装运原子弹的专列被定为一级专列，享受国家最高元首的警卫规格。10月4日，原子弹运抵核试验场。

核试验是一个庞大的系统工程。如何让各系统协调统一地运转，极为重要。核试验委员会成立后，朱光亚被任命为试验部副部长，协助张爱萍、刘西尧统管核试验全局，创造性地提出了"五定"岗位责任制，即按照参试人员各自承担的任务，定职务、定位置、定动作、定关系、定人员。这就做到了千军万马各司其职，有条不紊。

10月8日，张爱萍派出专机，将还在北京的王淦昌、彭桓武、郭永怀、邓稼先这四位科学家接到核试验场。

10月9日上午，张爱萍主持召开首次核试验党委常委会。朱光亚作为常委，参加了这次具有历史意义的会议。会议确定第一颗原子弹起爆时间，定在10月15日至20日之间。

常委会结束后，张爱萍即派李旭阁第二天乘专机赴京向周恩来报告。这是周恩来事先与张爱萍约定好的。

10月11日，毛泽东、刘少奇批准了报告。林彪、邓小平、彭真、贺龙、聂荣臻也都圈阅同意。周恩来亲自打电话给张爱

罗布泊核试验基地

萍，转告了中央的指示。

10月12日上午，张爱萍再次召开首次核试验党委常委会，向大家传达了经党中央批准的首次核试验时间安排和周恩来总理的有关指示。

会议一结束，朱光亚就忙着要离开，却被张爱萍拦下了，说："光亚同志，请留一下，还有任务要完成呢？"

朱光亚一愣，紧张了起来："什么任务？"

张爱萍哈哈一笑："游楼兰！"

楼兰在历史上曾是西域一个小国，地处古丝绸之路要冲，是当时新疆罗布泊地区的军事、贸易重镇。

斗转星移，沧海桑田。原是草盛水丰的罗布泊，因塔里木河改道，成为炎热干旱、风沙肆虐的大漠戈壁。楼兰也因此成了短墙残壁、无人居住的古城。

四年前，张爱萍视察核试验基地时，张蕴钰曾要安排他去楼兰古城遗址看看，张爱萍没有同意，说不炸响第一颗原子弹决不去楼兰。向来一言九鼎的他，今天却破天荒地"食言"了。

原来，张爱萍发现，决战在即，大家都处于亢奋紧张状态，特别是科技人员个个神情严肃。

深谙文武之道、一张一弛的张爱萍，决定给科学家们减压。他把朱光亚留下后，又安排参谋将王淦昌、彭桓武、郭永怀、邓稼先、陈能宽等科学家接来。随同一起游览的还有张震寰、李觉两位领导。

到楼兰古城后，科学家们神态依然紧张严肃，还时不时地相互耳语，交谈着有关原子弹爆炸的话题。

张爱萍望着他们，笑着说："今天我们不谈核爆，只是游览楼兰古城，玩它个痛快！"

张震寰、李觉也附和着说："对！今天就是要痛痛快快地玩。"

众科学家的脸上露出了笑容。

张爱萍大声地说："我当向导，走！"

1964年10月14日，张爱萍召开首次核试验委员会会议，进行"气象会商"，以确定第一颗原子弹具体爆炸时间。

国家气象局、总参气象局和核试验基地气象专家经过认真讨论，认为10月15日、16日为"好天气"，可以试爆。

按照毛泽东确定的"早响"原则，大多数同志倾向于15日，但有一位列席会议的核试验基地气象预报员朱品德提供了一个情况：今天——14日晚上有可能起大风，阵风可达每秒14至16米。

众人大吃一惊。北京来的气象专家解释道，朱品德此前提出过这个意见，但大家分析后认为"可能性很小"。

张爱萍表情严肃了起来，说："朱品德同志的意见提得好！第一，在科学技术面前，不适用'少数服从多数'原则，只服从真理！第二，提出不同意见，可以打开大家视野，把事情办得更好。"

朱品德是基层气象预报员，搜集了近几年来试验场区周边气象站（台）的气象资料，有着丰富的实际经验。他详细汇报了自己的看法。

张爱萍沉思片刻，说："这样吧，下午再进行一次气象会商，现在各气象部门回去认真研究。"

中央专委办公室副秘书长刘柏罗回忆说：

> 核爆前夕，大家都跟着气象专家紧张，他们当然更紧张。张爱萍是总指挥啊，每天都组织会议，每天都听气象汇报。那时候气象预报没有现在这么好的条件，又有卫星啊又有什么的，完全靠搜集有关的资料，每天都收听各国的气象报告。气象要看几个方面，一个是大的范围，全球性的；另一个是试验场区的。场区费了好大劲，白天晚上不停地收集，包括西安、北京、兰州、乌鲁木齐的气象。把这些信息集中起来分析，主要是怕飘到外国，再就是怕飘到试验区，假如一爆炸，马上来个转向风，就吹到人群里去了。所以，必须按正常要求的，向上，向东。

下午4时，张爱萍再次召开首次核试验党委常委会，最后确定10月16日进行正式核试验。

会议一结束，张爱萍就给留守北京协调指挥的刘杰打电话："邱小姐16日出嫁。"

很快，刘杰回电话说："周总理同意16日出嫁，具体时间视情况由你们自行决定。"

决战时刻到了！中华民族即将掀开历史性的光辉一页。

## 巨响震惊世界

冲锋号吹响，中国第一颗原子弹起爆进入倒计时。

核试验场各参试系统立即行动了起来。其中，最引人关注的就是装配原子弹。

李觉、朱光亚亲临现场指挥，带领第九作业队对原子弹进行装配。第九作业队由核武器研究院参试人员组成，李觉任队长，朱光亚任副队长。

原子弹装配间设在地下，离原子弹爆炸的铁塔装置不远。张爱萍、张蕴钰、王淦昌、邓稼先等也来到现场观看指导。

负责具体装配工作的是第九作业队主控站工作队，队长为蔡抱真、吴文明。蔡抱真是核武器研究院装配室副主任。他介绍说："第一颗原子弹是个两人合抱那么大的铝合金球体，里面主要是由浓缩铀、烈性炸药和金属构件组成，还要插上几十个引爆雷管。主控站工作队一共有12人，我们的任务是在核试验

1964年10月,张爱萍(前排左三)、朱光亚(前排左四)等在核试验场区欢迎参试人员入场

现场最终装配好原子弹。"

在原子弹所有部件中,最核心的部分就是用铀235做成的两个半球。按设计要求和试验程序,要将这两个半球从弹体预留孔装进弹体中心部位,密语称之为"投篮"。

"投篮"是特别危险的。因为两块高浓缩铀部件合拢成整体时,已达到次临界状态。在合拢时,距离越缩短,计数器的嗒嗒声就越密集,大家的心都抽紧了,可谓惊心动魄,因为再往前走一步,达到超临界,就会产生核反应,也就意味着毁灭。

李觉、朱光亚坐镇指挥,鼓励装配人员既要细致又要从容。"投篮"成功后,大家稍微松了一口气。接下来,是装点火中子源。当点火中子源由操作手准确无误地放在了两个铀235半球之间时,气氛一下子轻松了起来。

原子弹装配完毕后,经张爱萍、刘西尧、张震寰、张蕴钰、李觉、朱光亚6人分别签字,由装配间工房吊出,运往铁塔。

第九章 惊天动地　233

我国第一颗原子弹试验装置被吊装到试验铁塔上

铁塔高102米，是无缝钢管结构的自立式塔架，有8467个构件，包括起吊、空调、电气3个设备系统。原子弹顺利坐落到了铁塔上。张爱萍再次向北京报告："邱小姐已经坐在梳妆台前。"

站在铁塔下，注视着那颗凝聚着千万人心血的原子弹，大家心潮澎湃。忽然间，刮起了大风，经测量，风速达每秒16米。朱品德的预报被证实了。大家心头不禁一紧。

李觉、朱光亚忙向张爱萍报告，事先已经有预案，已经对原子弹采取了紧固措施。张爱萍的目光里透露出了满意和欣赏。

10月15日下午2点，风速减小到了每秒6米以下，符合核爆条件。

张爱萍、刘西尧等人最后商量决定：16日15时为核爆"零时",并报告了北京,得到了周总理的批准。

李觉、吴际霖、朱光亚、陈能宽立即带领大家,对原子弹的安装调试进行最后的复查。

夜幕降临,负责测试工作的唐孝威拨通了设在铁塔下第九作业队临时指挥部的电话。他回忆说:

> 那天深夜,我们的测试工作完成后,我给现场指挥部打电话报告。原是向值班人员报告,没想到接电话的是朱光亚副院长。他听完报告后,又叮咛道,再认真核查一下,塔上的小电源是否接通。朱副院长工作非常细致,既善于从大处着眼,又非常注意细小环节。我们现在经常说,细节决定成败。朱副院长当年就是这样,对工作中任何一个环节,他都亲力亲为。

其实,在关键的最后几天里,朱光亚一直坚守在现场指挥部,夜不安寝。

10月16日凌晨4时,李觉代表第九作业队向首次核试验委员会呈上报告,请求批准于6时30分开始给原子弹插接雷管。首次试验委员会批复:同意。张爱萍、刘西尧、成钧、朱光亚、朱卿云、张震寰、张蕴钰都郑重地在报告上签下了自己的名字。

插接雷管是原子弹试爆前最后一道工序。这里所说的插接雷管,不同于往炸药里插雷管。它是将多路雷管的导线,平行地垂向地面插入导管。由于它形似维吾尔族姑娘的辫子,故插接雷管的密语就是"梳辫子"。同时,张爱萍即向北京报告:"16日6时30分邱小姐开始梳辫子。"

给原子弹插接雷管时,张爱萍、刘西尧、张蕴钰又一起亲临现场。张爱萍亲切地望着李觉、吴际霖、朱光亚三人,说:"开始吧!"接着又问:"三把钥匙都带上了没有?"

张爱萍问的"三把钥匙",一把是起爆台的钥匙,另外两把是变电房和变压器控制站的钥匙。分别由陈能宽、李觉、张蕴钰掌管。

当时,核武器研究院有个规定,就是插雷管时,必须要带上起爆台的钥匙。因为有钥匙在身边,插雷管时就不可能启动起爆台装置,这也是为了确保安全。

张蕴钰拿着起爆台钥匙,和李觉一起,陪同插雷管人员上了铁塔。

上塔插接雷管人员共有6名作业队人员。其中,3人负责将雷管安装在原子弹上;1人负责传送雷管和检查编号,并做好记录;2人负责导通。

虽然平时操练了多时,但真正要给原子弹插雷管,操作人员不免还是很紧张。李觉就安慰他们说:"不要紧张,我们与你们在一起。你们看,总指挥张(爱萍)副总长、朱(光亚)副部长也在塔下陪着你们呢!"

李觉回忆说:

插雷管时,一方面要自行检查,另外还要交互检查,完了以后都得签字。之后，对整个系统进行导通。插雷管的过程一共用了差不多4个小时，每插一个都要检查，看是否插到底了。如果插不到底，就很可能产生不了一个比较好的球形内聚波，破坏这个球面波的对称性。彭恒武在青海基地时就对负责插雷管的技术人员说过，如果这次要不响的话，是你们雷管没插好。因为理论部的计算证明是没有问题的。596出厂前夜做过冷试验，出中子出得很好，证明整个核装置的理论设计、装配、加工等都是不错的。那么，从理论到试验都没有问题，试验如果真失败了，雷管没插好是最大的可能。雷管如果出问题，主要会出在两个方面，一是雷管本身瞎火，二是没有插到底。对于雷管本身会不会瞎火的问题，出厂以前都做了可靠性试验，一个批次的几千个雷管几乎都打光了，考验雷管的可靠性。然后，对所有雷管都用X光照相，看看内部有没有缺陷，把怀疑有问题的雷管再挑出来做试验，证明了不存在质量问题，最后才留下来这么几个，准备596正式试验用。插雷管用了好几个小时，主要是保证要插到底，要检验，还要量高度。事先都计算好了尺寸要求，雷管插进去之后，在外边可以量尺寸是多少，都有记录。

雷管插接完后，朱光亚、吴际霖、陈能宽又登上铁塔进行检查、验收，最后签字确认。

16日10时30分，首次核试验进入清场程序。

张爱萍、刘西尧、张蕴钰、李觉以及王淦昌、彭桓武、郭永怀等科学家，都进入了距离铁塔60公里处的指挥所。张震寰、邓稼先、程开甲与有关参试人员撤到主控站，集中在走廊顶头有六个瞭望孔的观察室内。

核武器研究院工作人员徐邦安回忆说：

> 清场工作组织得十分严密，通过岗哨时都逐一点名，查对车号，绝不能由于工作疏忽而使人员受到伤害。九队绝大部分人员撤到开屏，距爆心大约有60公里的一个参观点。那是一片平缓的高坡地，视野开阔，在场区方向竖起一面红旗，指示爆心方向。高坡上有几个高音喇叭，可以直接转播主控站的动态和报时信号。九队主要技术领导都撤到主控站，集中在走廊顶头有六个瞭望孔的观察室内。我陪同领导在这里等待零时。大家的心情既兴奋又紧张。当时，不少人问邓稼先有把握没有，邓稼先光是笑，不回答，只是一个劲地吸烟。有时问得实在躲不过去了，就挤出一句话：反正能想到的问题全想到了。

朱光亚和吴际霖是最后撤离铁塔的。时间一分一秒地过去，核爆"零时"就要到了。忽然，李觉发现朱光亚不在指挥所，着急地问："光亚副院长到哪里去了？光亚呢？"

李觉虽然是参加过长征的老革命，又比朱光亚年长许多，但对朱光亚十分关爱和尊重，平时称呼朱光亚向来不提姓。刘西尧听见后也着急了起来，吩咐赶紧去找。

原来是朱光亚、吴际霖撤离铁塔后，小车司机情急之下走错了路。朱光亚后来回忆说：

我和吴副院长离开主控站后撤时，司机走错了方向，因此整个过程没有看全。当我们还没有赶到指挥所观察山头时，原子弹就爆炸了。我们立即停下车，转过身来，看着正在升腾的蘑菇云，不禁潸然泪下。18年前，曾想在美国寻的梦，今天实现了。中国人终于有了自己研制的原子弹！

张蕴钰在回忆文章里写道：

当我们来到指挥观察所的时候，离"零时"已不到20分钟了。张爱萍对我说："K1指令已经发出。"

这时，炊事员送来了当午饭的包子，老远就闻到了香味，但吃到嘴里一点感觉也没有。大家的表情都异常严肃。

"K3"指令发出后，仪器设备进入自动化程序。9、8、7、6……读秒的声音让我感到了一种无法形容的感动。我屏住呼吸，戴着防护眼镜的头低着，等待着最后时刻的降临。

那种可怕的寂静，一直延续到读秒的"零时"过后，随即被一道强烈的闪电打破了。紧接着传来了一阵我从未听到过的轰鸣声。专家们根据闪光、火球和蘑菇烟云的景象，判定是核爆炸。

最初的欢呼声来自西侧参观的人群。他们激动地呼喊着，跳跃着，洒着泪拥抱在一起，把帽子抛向了天空。

这时，我看见朱光亚走了进来，和刘西尧紧紧拥抱，他们都很激动。我走了过去，向他们表示祝贺。

张爱萍立即拿起通向周恩来总理的专线电话，声音有些颤抖："报告总理，原子弹已经爆炸成功！"周总理反问了一句："怎么证明是核爆炸？"

尽管我们和所有专家都认定是核爆炸无疑，但却无法准确回答。正在这时，防化兵开设的有线遥测站最早测得

1964年10月16日，《人民日报》号外刊登了我国第一颗原子弹爆炸成功的消息

了地面放射性沾染数据。从而，不仅仅从宏观上，更主要的从科学依据上确认了首颗原子弹爆炸成功。张爱萍再次向周总理报告："根据多方面证实，确实是原子弹爆炸，很理想，很成功！"

不久，一份详细的文字报告经多方专家之手，由张爱萍和刘西尧签发，于17时50分报给了设在北京二机部的试验办公室，然后由刘杰部长报告给周总理。报告特别分析了爆炸的TNT当量，证明与设计值基本一致。

这天晚上，核试验基地举行庆祝宴会。张爱萍、刘西尧等首次核试验党委常委成员与科学家们开怀畅饮。

李旭阁回忆说：

> 到晚上开庆祝酒会时，大家敬酒啊喝酒啊，兴奋得很。我后来还写了一篇文章讲道，连平时不大喝酒的朱光亚也喝得步履蹒跚，走路都让人扶着。朱光亚看了后说，他那不是光喝酒喝的，他一天没吃饭，没睡好，累的，所以他让邓稼先扶着他走。反正当时大家都兴奋得了不得，在那儿玩啊闹啊，拿碗大口喝酒。大家都很高兴啊，久久郁积在心中的盼望、紧张、辛劳，随着596核爆炸成功，一下子释放出来了，轻松了。

朱光亚后来说，那一天，他平生第一次喝醉了。

# 第十章

# 震撼世界

## 空爆一举成功

中国第一颗原子弹的成功爆炸震撼了世界。

而更让世界震惊的是中国核试验的水平。朱光亚在给上级部门的报告中写道:"连美国原子能科学家也不得不承认,我国这次(首次)核试验已超过了美、英、法初期核试验的水平。"

法国总统蓬皮杜说:"顷刻之间,中国在世界上的地位发生了变化,不得不承认中华人民共和国的那一天,为期不远了!"

而对中国来说,这仅仅是中国原子能事业的起点。

1964年10月23日,中国第一颗原子弹成功爆炸的第七天,张爱萍在核试验基地召开了一个小型的专题会议,研究布置原子弹空投试验。成钧、李觉、朱光亚、张蕴钰等有关单位的领导参加。

原子弹空投试验，是朱光亚拟制的核试验计划的第二步。从严格意义上说，原子弹塔爆试验只是证明我们研制成功了原子弹，而要使原子弹成为武器，首先就要使其成为能在飞机上运载的核航弹。

核航弹又称核航空炸弹，顾名思义，就是用航空器携载投放的内部装有核装置的炸弹。美国、苏联原子弹试验成功之后，首先发展的就是核航弹。

作为核武器研制的最高技术领导人，朱光亚在第一颗原子弹研制初期，就将核航弹列入了研制计划，对核航弹的弹体设计、空气动力学实验、弹体引爆控制系统设计与实验等项目提前进行预研。可以说，这种战略谋划，使我国核武器发展做到了未雨绸缪，有章有法。

据核武器研究院史料记载，在核航弹研制过程中，朱光亚还就若干研制课题提出了具体的指导性意见。比如，核航弹试验需要建立地面遥测站。朱光亚对地面遥测站面积、室内高度、温度、电源、通风、接地装置和站内人员配置都提出了具体要求，并明确提出了遥测站的工作任务，就是"从产品脱离挂钩与机舱后，自动控制系统的主要参数与动作程序都要如实记录下来，以便对产品的各种性能做出肯定的结论。"再比如，核航弹进行空投试验，就要对飞机及其投弹系统进行改装和改造。这些工作，不仅核武器研究院要投入研制力量，还涉及空军和中科院。为此，朱光亚亲自对飞机改装的任务报告进行修改，从设计方案、协作技术要求、机上遥测系统等提出了指导性意见，并特别指出，机上遥测系统要增加机外遥测天线和高频放大器系统。

1964年11月12日，张爱萍、刘西尧回到北京，向周恩来汇报第一颗原子弹爆炸情况。当汇报到有关原子弹空投试验的准备工作时，周恩来高兴地说："你们抓得还很紧啊，我也正要同你们谈这件事情。中央有个打算，1965年，就要试验核航弹。"周恩来还语重心长地说："我们国家的核试验不要多，要少一点，搞一次试验就要取得很多资料，要做到一次试验全面收效。"接着，周恩来对张爱萍、刘西尧说："原子弹空爆试验，仍由你们担任正、副总指挥！"

从周恩来处回来后，张爱萍、刘西尧与二机部、核武器研究院和空军进行研究，并于12月10日以总参谋部、国防科委的名义，向周恩来总理及中央专委、中央军委呈送了《关于空中核爆炸试验方案的报告》。

这份报告仍由朱光亚负责起草。《报告》明确提出这次试验是：验证原子弹在动态情况下的技术性能；测定原子弹的爆炸威力；为改进原子弹设计提供数据；同时根据战术要求进行比较全面的效应试验。《报告》明确提出：完成原子弹空爆试验一切准备工作的最后期限为1965年5月1日。

1965年3月，周恩来主持中央专委会议，听取原子弹空爆试验准备工作情况汇报。李觉、朱光亚和空军有关部门负责同志分别汇报了核航弹研制及飞机改装情况。

在汇报过程中,周恩来仔细询问了影响空投试验成败的各种因素,提出了如果出现意外情况时怎么办?比如:核航弹挂上飞机起飞后,在飞行过程中气象发生变化,不能正常进行空投时怎么办?飞机飞行正常,但核航弹空投不下来时怎么办?在飞行过程中,弹体会不会意外脱钩?如果脱钩了怎么办?

这对朱光亚深有教益。他曾撰文写道:

> 周总理作风严谨,历来重视科研生产的质量和安全,强调质量第一是个政治问题。特别是1964—1965年进行我国第一、第二次核试验期间,他对做好各项工作提出了严格要求,经整理概括为"严肃认真、周到细致、稳妥可靠、万无一失"16字方针,并在后来成为历次核试验和各种重大科研试验实施时必须遵循的方针。周总理不仅要求大家这样做,他自己首先身体力行。每次核试验前听取汇报,他总是要仔细地询问可能影响成败的各个关键环节,而且要求我们把各种不利或意外情况考虑周到,并设想多种预案,做到万无一失。他多次语重心长地告诫我们,搞试验关系重大,绝对不能有一丝一毫的马虎。我们国家还很穷,做什么事情,都要考虑周到,略有失误,都会加重人民的负担。

为了给周总理提出的一系列"怎么办"有个科学的答案,

执行我国第一次核航弹空投爆炸试验任务的轰炸机

中央专委会议结束后,朱光亚立即组织有关科研人员进行了诸多试验,确保万无一失。

1965年5月14日,我国首次原子弹空爆试验在罗布泊核试验场进行。

上午8时13分,空军飞行员李源一驾驶载有原子弹的轰炸机从马兰机场起飞。9时26分,领航员于福海向核试验指挥部报告:发现靶标,距靶标50公里。张爱萍迅即发布命令:确保投弹精度,一切按规定程序办!

在地面指挥员、空军副司令员成钧的指挥下,飞机进入靶场上空。9时59分10秒,于福海操纵着瞄准器,使观测角和投弹角准确重合,接通电路,接着,原子弹脱钩而出,飞机突然减轻重量,猛地向上蹿了一下。李源一立即下达命令:"立即关上遮光罩!返航!"

于福海回忆道:

我们刚把座舱玻璃上用来防止光辐射的遮光罩拉闭,就感觉闪来一道耀眼的强光。强光持续了四五秒钟。我再也忍不住,摇开遮光罩看了一眼。哇!靶标上空出现了一个巨大无比的火球,犹如一个太阳落在了地上。此刻,靶标看不见了,机翼下成了汹涌壮阔的火海。灰白色的浓烟从火海中翻滚而出,飞速升腾。

根据测量结果:原子弹爆炸高度约500米;爆心投影点距靶心135米,方位232度;爆炸威力大于3万吨TNT当量。我国第一颗核航弹试验获得圆满成功!

5月30日上午,中共中央、国务院、中央军委为参加两次核

1965年,朱光亚、许慧君夫妇与三个孩子。前排左起:长子朱明远、幼子朱明骏、女儿朱明燕

试验的功臣举行庆功酒会。请柬上有国务院总理周恩来的亲笔签名。酒会开始前，党和国家领导人周恩来、林彪、邓小平、贺龙、陈毅、聂荣臻、罗瑞卿等与功臣们亲切合影。

人民大会堂新疆厅洋溢着欢快的乐曲。周恩来坐在主桌的中央，他的左右两旁分别坐的是钱学森和朱光亚——中国两弹（导弹、原子弹）事业的科技主帅。

朱光亚回忆说：

> 我当时留在青海基地"看家"，是乘专机从西宁去北京参加5月30日接见的。5月30日12时，我们刚刚步入人民大会堂新疆厅，就受到周恩来总理、邓小平书记、陈毅元帅、贺龙元帅、聂荣臻元帅、罗瑞卿大将等许多中央领导同志以及国务院、解放军各总部有关负责同志的欢迎。
>
> 周总理一边和我们一一握手，一边歉疚地说："大家辛苦了！去年10月本来应该和大家见面的，因为忙，延迟到现在，真对不起。这次空爆成功，计划圆满完成，老总们很关心，都要来见见有功之臣。"
>
> 陈老总朗声笑道："是喝庆功酒啊！"
>
> 合影后，老总们在欢声笑语中招呼我们入席。每一张饭桌前都有一位中央领导人陪同就餐。我们在亲切、和谐、欢畅的气氛中感受到党中央对国防科学技术事业的高度重视，以及对这条战线上科技人员的亲切关怀。
>
> 周总理即席讲话，勉励我们继续努力学习马列主义、

毛泽东思想，群策群力，戒骄戒躁，再接再厉，为攀登下一个高峰，尽快掌握氢弹技术，加强国防、保卫和平做出更大的贡献。

## 两弹神奇结合

要使原子弹成为有效的战略武器，必须要与有效的运载工具相结合，如远程轰炸机、导弹、核潜艇。

核航弹的试验成功，标志着我们掌握了运用轰炸机投掷原子弹的核打击手段。但与导弹、潜艇相比，原子弹与后者的结合就更具核威慑力。

早在1963年12月5日的中央专委会议上，中央就提出了核武器的研究方向："应以导弹头为主、空投弹为辅。"

1964年2月，聂荣臻又指示：核武器研究院要抓紧时间开展小当量核弹头的研究、设计工作，要尽快与国防部五院协商拟定"两弹"结合协作的要求。

国防部五院就是导弹研究院，钱学森是首任院长。1964年9月16日、17日，我国自行研制的中近程导弹连续三次发射成功。同年10月16日，我国第一颗原子弹爆炸成功。这为中国的"两弹"结合打下了基础。期间，周恩来召开中央专委会议，专题研究"两弹"结合工作。周恩来充满感情地说："'两弹'结合，二机部负责原子弹头，七机部负责导弹。从今天起，'二七风暴'要刮起来了！"

参加会议的钱学森、朱光亚不禁注目相视，神情严肃。作为导弹、原子弹的两位最高技术负责人，他们更能领会"二七风暴"的深刻含意。

"两弹"结合，并不是把原子弹、导弹简单地组合在一起。在导弹和原子弹相继问世初期，科学家们并没有想到这两者能结合组成有实战价值的导弹核武器。这是因为早期原子弹的重量和尺寸大大超过了当时导弹的运载能力，直到原子弹小型化技术取得突破，美国对研制导弹核武器才发生了兴趣。1951年至1958年，经过7年的努力，美国研制成功了世界上第一枚由战略导弹与核弹头配套组成的导弹核武器——"雷神"中程导弹。

因此，中国的"两弹"结合，需要在两条战线上并肩前行：一是研制适合导弹运载的核弹头；二是研制可以装载核弹头的中近程、中远程运载火箭。同时，还要研究如何把核弹头与导弹组合在一起，成为能够作战的导弹核武器，这里面还有诸多技术问题需要解决。

缩小型核弹头的研制极为困难。由于核弹头装在运载火箭上，工作环境与飞机空投有很大不同，再加上飞行过程中的恶劣环境与再入大气层的特殊环境，对核弹头提出了更为严格的要求。朱光亚以及许多科学家为此付出了大量心血，经过艰苦攻关，终于获得成功。

1966年6月，经过改进的中近程导弹进行首次发射试验，周恩来亲临发射场。发射试验获得圆满成功。

将导弹与缩小型核弹头有效地结合在一起，对两者都是一个新课题。航天专家武俊华介绍说：

> 原子弹是导弹上最娇气的乘客，它所住的房间——弹头密封舱要十分舒适。要有"沙发"，能减震、缓冲，可"沙发"又不能太软，否则便不能承受它沉重的身躯产生的惯性力，并可能和壳体发生碰撞，这是绝不允许的。要有空调：温度要保持在一定范围内。但温度要得当，不能过高过低。这些，在导弹的设计上都必须考虑到。
> 
> 而对原子弹来说，导弹起飞后的冲击、振动，弹头再入大气层的高过载，发动机和激波产生的噪声和脉动压力，运输过程中的冲击、振动等，则是导弹固有的环境条件，原子弹必须能够承受。

这就是说，"两弹"结合必须相互"迁就"。为此，在钱学森领导下，对导弹加大了减震设计和密封舱的调温。在朱光亚领导下，加强了原子弹对导弹环境适应性设计。

"两弹"结合组成的导弹核武器，是否达到设计要求，最终要经过全程飞行热核试验来检验。这可是个大难题。

用导弹运载核弹头在本国的国土上进行热核试验，这在世界核武器试验史上没有先例，连美国都从未敢在它的国土上进行这种试验。因为它面临的问题极为严峻：导弹核武器在飞行过程中，随时可能发生意外情况。

那么，不进行这样的试验行不行呢？科学家们认为，采用地面各种环境模拟试验和核爆试验，都不能完全模拟飞行过程中的真实状态，起不到"两弹结合"的综合检验作用；如果采用飞行"冷试验"方式（即导弹上只配置模拟弹），就不能综合检验核弹头在飞行过程中的真实状态。只有采用全射程、全威力、正常弹道、低空爆炸的试验方式进行热核试验，才能全面地既达到试验目的，又能符合实战要求。

这就需要"两弹"结合试验绝对可靠。为此，周恩来多次召开专题会议进行研究，提出一定要增强核导弹的可靠性和爆炸系统的安全性，以确保核导弹按预定轨道飞行，在预定弹着点正常启爆，万一在飞行过程中发生意外，确保弹体及时炸毁，而核弹头不发生爆炸。

为落实中央领导指示，朱光亚主持领导了包括核弹头振动、碰撞、坠地、自毁、燃烧等一系列异常状态下的模拟试验，确保核弹头在解除保险后，即使发生异常也不会发生核爆炸。在钱学森领导下，运载核弹头的火箭也进行了各种试验，确保安全可靠。

1966年10月20日，周恩来主持召开中央专委会议研究导弹核武器全程飞行热核试验。周恩来说："这次热试只许成功，不许失败，一定要百分之百的完成。"

中央军委副主席叶剑英补充说："这次试验搞成功，在国内外将引起很大震动，过五关斩六将，热试这是最后一关，一定要检查得更仔细，连一个螺丝钉都要检查到，提出100条、若干条方案，坚决杜绝疏忽大意。"

聂荣臻接着说："我深信我们的科学家、工程技术人员和基地的工作同志，都具有高度的负责精神。……我们自己研制的中近程地地导弹已经多次试射，具有良好的可靠性，发射成功率是经得起考验的。"

1966年10月24日晚，毛泽东听取了周恩来、叶剑英、聂荣臻关于导弹核武器发射试验准备工作情况汇报。毛主席高兴地说："谁说我们中国人搞不成导弹核武器，现在不是搞出来了吗？"接着，他又再三叮咛："一定要认真充分地作好准备，要从坏处着想，不打无准备之仗。"

10月25日上午，聂荣臻亲赴西北导弹发射试验基地主持召开指挥部会议，确定了导弹核武器发射"零时"，得到了毛泽东、周恩来批准。

10月27日9时，我国第一枚核导弹腾空而起，直插苍穹。9分钟后，核弹头在新疆罗布泊预定弹着区、预定高度成功实现核爆炸。

聂荣臻在给中央的报告中这样写道：

> 在自己国土上用导弹进行核试验，并且一次就百分之百地成功，这在国际上是一个重大创举……从第一次核爆炸到小型化核弹头，美国用了十三年（1945—1958），苏联用了六年（1949—1955），我们只用了两年。

随着中国导弹核武器的研制成功，中国成立了自己的战略

1966年10月27日,《人民日报》号外刊登了我国发射导弹核武器试验成功的喜讯

导弹部队即第二炮兵部队。从此,中国人民解放军的方阵里,多了一支崭新的军种——火箭军。

## 攻克氢弹技术

导弹核武器研制成功后,朱光亚又马不停蹄地投入到氢弹研制的组织工作中。

氢弹,英文为hydrogen bomb。它是利用原子弹爆炸的能量点燃氘、氚等轻核的自持聚变反应,瞬时释放巨大能量的核武器,又称聚变弹或热核弹。

氢弹的杀伤破坏因素与原子弹相同,但其威力比原子弹大得多。原子弹的威力通常为几百至几万吨TNT当量,氢弹的威力则可大至几千万吨TNT当量。此外,通过设计还能增强或减弱氢弹的某些杀伤破坏因素,因而它的战术技术性能比原子弹更好。

周恩来曾主持召开过一次中央专委会议，研究氢弹研制问题。会上，他请朱光亚给与会者讲一讲氢弹的有关知识。

朱光亚讲道：

> 氢弹是一项比研制原子弹更为复杂的尖端技术，它们的基本原理大不一样，原子弹是靠原子核一连串的裂变，由此释放出巨大的能量，叫作核裂变；而氢弹则恰恰相反，它是把两个原子核聚合成一个原子核，在聚合的同时，释放出巨大的能量，叫作核聚变。用一个通俗的比方来说，原子弹是用中子当火柴，去点燃裂变材料，引起爆炸；而氢弹则是用原子弹当火柴，去点燃聚变材料，引起爆炸。对氢弹来说，原子弹只不过是一根火柴头……

朱光亚简明扼要的介绍，将高深的科学知识讲得通俗易懂。周恩来接着说："氢弹的威力是原子弹不可比拟的，氢弹绝不是在制造原子弹的基础上再提高一步就可以了。现在美苏装备的，实际上都是氢弹，对不对？所以我们得加快氢弹的研制嘛！"

参加会议的二机部部长刘杰和朱光亚相继汇报说，早在1960年，中国科学院原子能研究所黄祖洽、于敏带着一班人，已经对氢弹理论进行了预先研究。核武器研究院在原子弹理论方案搞出来后，也提前安排彭桓武、邓稼先、周光召带着一支研究队伍，转向了氢弹的理论攻关。但目前还没有大的进展，毕竟氢弹比原子弹复杂得多。

周恩来说:"是啊,如果说,我国原子弹的理论设计还有苏联专家的一点帮助,给我们起了引路作用,那么,氢弹技术的研究,对我们完全是一片空白。当我们没有原子弹时,有人笑话我们20年也造不出来。现在,他们又说我们有了原子弹不算什么,离有氢弹、洲际导弹还很遥远。这话没错。但我们呢,就得要争这口气!前两天我对外国记者说,氢弹技术、运载技术当然很复杂,但我们一定会掌握的!"

不久之后,毛泽东在听取国家计委关于远景设想规划时也指出:"敌人有的,我们要有,敌人没有的,我们也要有,原子弹要有,氢弹要快。"

1965年1月,原子能研究所黄祖洽、于敏等31人奉命调入核武器研究院,与邓稼先领导的理论研究队伍会合,一起从事氢弹理论探索和研究。

当时,核武器研制基地在青海金银滩,考虑到氢弹理论研究工作的需要,工作据点放在了北京。核武器研究院党委常委决定,由朱光亚在京主持,与彭桓武副院长、邓稼先主任(理论部)一起,领导氢弹原理的探索工作。

1965年2月,朱光亚主持召开氢弹研究规划会。刘西尧、李觉到会。彭桓武、邓稼先、周光召、秦元勋、于敏、周毓麟、黄祖洽、彭非、何桂莲等科学家出席。规划会确定了氢弹理论研究的工作计划:第一步突破氢弹原理;第二步完成重约1吨、威力为100万吨TNT当量的热核弹头设计,力争在1968年前实现首次氢弹空爆试验。

1965年8月，朱光亚起草了一份《关于突破氢弹技术关键问题上的工作安排》，提出氢弹研制工作的重点是理论技术和核燃料，主要是钚和重氢（氚）的生产问题，而且必须十分重视通过科学试验积累经验和掌握第一手资料，因此，在进行氢弹试验之前再安排几次核试验是必要的。

理论设计离不开计算。当时，中国科学院有两台10万次计算机，一台在北京，一台在上海。这是国内当时最先进的计算机了。朱光亚决定"兵分两路"，组织两路人马同时在北京、上海两地进行攻关。

在上海进行攻关的技术带头人是理论部副主任于敏，在北京进行攻关的技术带头人是理论部主任邓稼先。

对氢弹的理论设计，开始提出了两个设想，但上计算机运算后都被否定了。之后，北京、上海两路人马都着手酝酿新的设想，在上海的于敏等人领先一步，提出了新的理论方案，在北京的邓稼先随后也赶到上海。在他们两人的领导下，氢弹新的理论方案有了进一步完善，并经过计算机运算得到了验证。

1965年12月，朱光亚组织专家对氢弹新的理论方案进行研讨，确定氢弹研制以新的理论方案为主。为实现这一方案，决定组织三次核试验：第一次是检查热核材料性能，验证我们对热核材料性能的理论计算是否与实际符合；第二次是验证理论设计是否可行，即我们是否真正掌握了氢弹原理，这实际上就是一次氢弹试验，只是热核材料装料少，当量小而已；第三次则是全当量的氢弹试验。

会后，朱光亚组织起草了《关于核武器科研、生产两年规划的请示》，经刘杰、刘西尧、李觉阅批后以二机部党组名义上报中央专委。报告重点汇报了突破氢弹的技术关键及试验安排。

然而，正当氢弹研制进入关键技术攻关时，"文化大革命"开始了，国防科技领域正常科研秩序遭到严重破坏。张爱萍被关押，刘杰、钱三强被批斗，王淦昌、彭桓武、邓稼先、陈能宽、周光召等科学家受到批判，基本都"靠边站"了。李觉、朱光亚虽然也受到冲击，但由于周恩来、聂荣臻的保护，还能忍辱负重地坚持工作。李觉当时兼任二机部副部长，把工作重点放在了部里，核武器研究院的领导工作主要落到了朱光亚肩上。

1966年11月16日至24日，朱光亚排除造反派干扰，在核武器研制基地主持召开氢弹科研生产汇报会，对氢弹装置的理论设计方案、试验测量方案及加工生产情况进行全面检查，并对下一步的科研生产进行工作部署。会后，朱光亚执笔起草了《关于氢弹头"初级"试验准备工作情况的报告》，并以二机部名义上报中央专委。

在报告中朱光亚写道：

> 由于我们在氢导弹头"扳机"的研制上还缺乏经验，这次核试验也仍然存在成功与失败两种可能。这是因为对所遇到的主要技术关键问题解决的深度也还是不够的，特别是对有关能量传输过程的规律、原子弹"扳机"能量的

破坏作用等理论的认识，还可能有尚未被我们理解的东西。而这些问题在目前看来，还必须通过核试验来求得可靠的答案。正如毛主席教导的，目前我们对这次核试验的认识，还只是"整个认识过程的第一阶段""这时候的精神、思想（包括理论、政策、计划、办法）是否正确地反映了客观外界的规律，还是没有得到证明的，还不能确定是否正确"，因而必须"把第一个阶段得到的认识放到社会实践中去，看这些理论、政策、计划、办法等是否能得到预期的成功"。

12月11日，周恩来主持召开中央专委会议，专题研究二机部呈送的报告。会上，朱光亚先是挂起了一幅氢弹装置结构示意图。然后，对照示意图一边介绍，一边汇报氢弹研制中的关键技术问题，既形象生动，又细致详尽，周恩来、聂荣臻、叶剑英等中央领导听后十分满意。

周恩来高兴地说："二机部《关于氢弹头'初级'试验准备工作情况的报告》写得很好。"接着，又亲切地问朱光亚："这个报告是你起草的吧？这个报告要多印几份送军委各位副主席。实践证明：只要发动广大群众，善于应用毛主席的哲学思想，指导我们的生产和科学实验活动，就能够战胜一切困难，就能不断前进，取得更大胜利。"

中央专委会议结束后，李觉、朱光亚立即奔赴核试验基地，组织指挥氢弹原理试验。前往核试验场的还有王淦昌、彭桓武、郭永怀、陈能宽、周光召、于敏等科学家。虽然他们受到了造反派的批判，但忍辱负重，初心不改，依然坚持在科研试验第一线。

12月28日12时，氢弹原理试验获得成功。聂荣臻召集科学家们对试验成果进行评估，大家一致认为，这次试验的成功，表明氢弹设计的路子是正确的，下一步应按预定研制计划，在1967年10月1日之前，进行一次百万吨级全威力的氢弹空爆试验。

回到北京后不久，彭桓武从外文报刊里发现，法国很有可

1966年12月28日，朱光亚和聂荣臻（左）在中国核试验基地

能会在1967年爆响氢弹。邓稼先一听就急了:"这么说,法国有可能抢在我们前面?"于是,彭桓武、邓稼先、周光召、于敏一起找到朱光亚,要求向中央反映,中国的氢弹应争取响在法国前面。

朱光亚有些犯难,因为原定计划是1967年10月1日前炸响,各单位都是按照这个时间表来进行的。彭桓武说:"我们抓紧点,7月1日前炸响,怎么样?"

朱光亚表示,如果能响在法国前面,那一定是件有意义的事。计划提前至7月1日之前,光我们着急不行,还要国防科委、核试验基地、空军等方方面面都同意才行。他会尽快把这个设想报告部里,然后报告国防科委和聂帅。

不久,中央批准了他们的建议。朱光亚立即着手对氢弹研制生产计划进行调整,并在青海核武器研制基地金银滩召开1967年科研生产计划会议。会议期间,青海发生了两派组织的大规模武斗,死亡100多人,并有可能波及金银滩。情况万分危急,朱光亚断然将会议叫停,立即向国防科委做了汇报。

周恩来、聂荣臻获悉后,迅速采取保护措施:一是命令兰州军区就近调一个团,立即对核武器研制基地实行保护;二是命令空军司令员即刻派一架专机去西宁,把参加会议的核科学家全部接回北京。

而北京这时也发生了一件捅破天的大事,核武器研究院一批与氢弹有关的绝密资料,被二机部的造反派装上汽车拉走了。

聂荣臻闻讯后,当即命令北京卫戍区司令员傅崇碧:"出动部队,想尽一切办法把材料搞回来!"

傅崇碧后来回忆说:"这中间,聂帅几乎是每过一个小时打一次电话,问:材料追回来了没有?他都没有睡觉,不停地过问这个事情。我说还没有,还没有音讯。一晚上他就问了四次,亲自打电话,最后快到天明了,把这些材料追回来了,给他报告了,他很高兴。说:这些材料无论如何要严格封闭起来,不能让造反派乱动。"

青海和北京发生的这两件事情,让周恩来下了决心:必须采取强有力措施,保证核科学家们有一个相对稳定、安全的工作环境。

3月2日,中断的氢弹科研生产会议,以国防科委、国防工办的名义改在北京京西宾馆进行。聂荣臻明确指示刘杰、李觉、朱光亚:科学家对技术问题要敢于坚持真理,不要怕,不能被造反派所左右。

3月4日,经周总理批准,国务院、中央军委决定对核武器研制基地实行军事管制,并宣布任何人不得夺权,不准串联,"文化大革命"运动只准在8小时工作时间以外进行,违者将受法纪处分。

有了中央强有力的支持,氢弹研制及核武器研制工作得以重新在正常轨道上运行。朱光亚主持起草了《关于1967年核武器研制与试验工作安排意见的报告》,并以核武器研究院的名义上报二机部党组。该报告就氢弹空爆试验和中程、中远程、洲际导弹的热核弹头研制等几项工作提出了安排意见。

朱光亚起草的这个报告得到了二机部和中央专委的高度肯定。认为这是我国核武器研制工作进入新的发展阶段后，对我国氢弹研制和核武器研制、试验工作做出的新部署，是一个重要的纲领性文件。

1967年6月17日，我国第一颗氢弹空爆试验在核试验场进行。上午8时20分，一架装有氢弹的轰炸机，飞抵靶场上空，机组人员按下投弹装置，氢弹顺利脱钩，降落伞开伞，带着氢弹在预定高度爆炸。碧蓝的天空立即出现强烈闪光，随后形成核

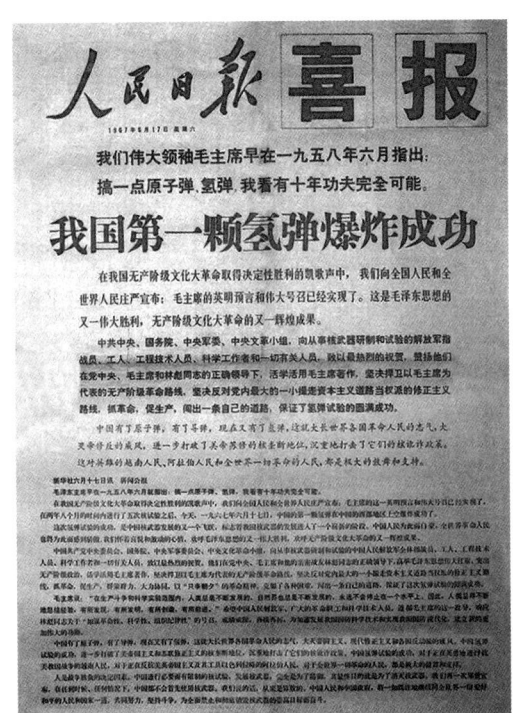

1967年6月17日，《人民日报》喜报刊登了我国第一颗氢弹爆炸成功的消息

爆炸火球；火球熄灭后，形成迅速上升并向四周扩展的草帽状放射性云团，徐徐与地面被吸起的尘柱相接，形成非常壮观的蘑菇云。

根据爆后取样分析，这次氢弹爆炸威力为300万吨TNT当量。聂荣臻得知后高兴地连声说："够了，够了。"

英国《星期日泰晤士报》称："中国在通向完全核地位的道路上前进的速度又一次使西方专家们大为惊诧。它的一颗氢弹爆炸的实现，比预估的早了6个月到1年的时间。中国由原子武器到制造热核武器所用的时间，比任何其他国家都短，现在已经追上了法国。"

## 点燃地下核火

氢弹试验成功后，地下核试验就成为中国要攻克的下一个目标。

地下核试验分为平洞和竖井两种方式。前者是开掘一条特殊设计的长坑道，在坑道内放置核爆炸装置和各种探测器，回填之后实施核爆炸。后者是开掘一个垂直的大口径竖井，将核装置和各种探测器放置于底部，回填后实施核爆炸。美国、苏联等国的地下核试验，都是先以平洞方式取得经验，而后再发展到竖井方式。

1967年10月，氢弹爆炸成功之后，国防科委召开了首次地下核试验技术工作会议。朱光亚与王淦昌、程开甲、邓稼先等科学家出席。根据会议的研究意见，朱光亚对首次地下核试验的工程技术设计和测试项目做了具体的安排。

当时，正值"文革"期间，核武器研究院党委已经瘫痪，国防科委批准成立了由李觉任组长，郭英会、朱光亚任副组长的临时领导班子。他们研究后决定，由王淦昌负责首次地下核试验的技术工作。

1967年12月，周恩来召开专题会议听取朱光亚、王淦昌关于地下核试验准备工作进展情况的汇报。在这次会上，周恩来提出："我们的试验是有限的，要在有限试验中得出多项数据。我们要掌握核试验的主动权，不仅要掌握大气层核爆的规律，而且要掌握地下核爆的规律。我们有限的核试验完全是为了防御。"

对周恩来的指示，朱光亚非常重视。此后，在安排核试验计划时，他都千方百计地在试验中安排更多的技术项目和测试项目，用于验证理论设计、校正数值模拟方法和参数，尽可能实现"一次试验，多方收效"。

在那个特殊的动乱时期，组织地下核试验的科研与生产异常艰难。王淦昌回忆道："那时的青海核武器研制基地，已近乎瘫痪。科研室人迹寥寥，宿舍区冷冷清清，加工车间铁将军把门，汽车队马放南山，连食堂的烟囱都不冒烟了。"

朱光亚、王淦昌深入一线，召集各部门、各单位开会，一遍又一遍地动员说服大家："咱们不能因'抓革命'而影响工作，地下核试验是比什么都重要的'国家试验'啊！"

王淦昌后来说:"这些同志真不错,很能理解我们的心情,也愿意为国家的强盛多作贡献。他们陆陆续续回到了工作岗位。别看他们各派群众组织之间对立情绪很大,双方辩论起来,唇枪舌剑,互不相让,但工作起来,谁都不谈'运动',全身心地投入工作,而且合作得都很好。我真佩服他们,也喜欢他们,他们爱国,事业心强,都是好样的。"

经过两年的艰苦努力,第一次地下核试验的各项工作准备就绪。1969年8月10日,周恩来听取地下核试验工作汇报。朱光亚汇报了第一次平洞地下核试验的目的、核装置及研制加工情况;核试验基地副司令员张英汇报了地下核试验现场的准备情况。会上,周恩来特别指示:一定要注意安全,防止"冒顶"或放射性物质沿坑道向外冲出来等意外事故,切实做好安全防护的准备工作。

9月15日,在朱光亚主持下,核装置在主坑道爆室内安装完毕,并由技术人员对平洞内的阻力、消波作用、洞外环境等因素再次进行认真分析,确认符合核爆条件后,工程兵开始进行回填、封堵坑道。

这一天,周恩来三次打来电话,询问有关情况,并问道:"一周时间的回填能不能再提前一些?"言下之意,是希望地下核试验能够提前。当时,都以为是总理在督促工作,其实,这里面有一个天大的缘由,只不过大家当时都不知道而已。据后来史料披露,1969年8月20日晚,苏联驻美国大使多勃雷宁紧急约见美国国务卿基辛格,通报苏联准备对中国的战略目标做一次外科手术式的核打击,奉命征求美国的意见。基辛格十分惊骇地望着这位苏联大使说:"不是开玩笑吧?这个计划太可怕了,大使阁下。"

多勃雷宁告诉基辛格,这是他刚接到的苏联最高领导人勃列日涅夫的指示。基辛格久久不发一言。告别时,基辛格说:"我本人现在对此无可奉告。但请大使相信,我会立即报告总统。"

当时的美国总统是尼克松。得到基辛格报告后,尼克松立即在白宫召开国家安全紧急会议。会议决定:除了予以明确回绝苏联外,还得想办法把苏联的企图告知中国,以避免巨大灾难的来临。

美国为什么要把苏联准备进行核打击的消息透露给中国?据有关史料记载:尼克松入主白宫不久,发生了苏军入侵捷克事件(1968年8月,苏军闪电入侵捷克斯洛伐克——作者注)。之后,尼克松访问欧洲。在法国,戴高乐总统对尼克松说,美国也好,欧洲也好,有一点我们必须明白,最大的敌人并不是红色中国,而是苏联。中国一旦被怀有野心的苏联打败,发生另外一场捷克斯洛伐克事件,那么,西方的灾难也就临头了。

用什么方式告知中国呢?基辛格认为有两个途径,一是由媒体披露,二是由美国驻波兰大使通报给中国驻波兰大使。最后选择了前者。

8月28日,美国《华盛顿明星报》刊登了一则消息,标题十分醒目:苏联欲对红色中国做外科手术式的核打击。报道中说:

"据可靠消息，苏联欲动用中程导弹，携带几百万吨级的核弹头，对中国酒泉导弹基地、罗布泊核基地，以及北京、长春等重要战略目标发动外科手术式的核袭击。"

《华盛顿明星报》的消息刊出后，周恩来认为，无风不起浪，这则消息不会是空穴来风。陈毅、叶剑英、徐向前、聂荣臻四位老帅判断，如果苏联动手，发动核袭击的时间可能在国庆节之际，为以防万一，应取消国庆节群众集会，国家领导人也不要在天安门城楼亮相。

毛泽东听后淡淡一笑，说："原子弹很厉害，但鄙人不怕。苏联要扔原子弹，那位尼克松总统很紧张呀，我可不紧张。国庆节不搞集会，就是让人家笑我们有点怕嘛。我还是要上天安门。"这就是毛泽东的性格。

毛泽东又说："他们让我们紧张，我们可不可以也放它两颗？吓唬一下他们嘛。"

周恩来报告说，原本计划最近要进行两次核试验（即第一次地下核试验和新的氢弹试验）。毛泽东指示，不要早，也不要晚，过节前几天就挺合适，但是不要发公报，一来避免刺激他们，二来也让他们摸不清底细。

9月19日，经中央军委批准，成立由7人组成的核试验领导小组。朱光亚是领导小组成员之一。

9月23日零时15分，随着一阵像波浪一样的剧烈震动，我国首次地下核试验取得成功。

核试验基地副司令员张英写道，这一次核试验，虽然"没有强烈的闪光，没有震撼人心的惊雷，但人们从那压抑沉闷的声音中，感受到了它力量的巨大"。

9月29日，在罗布泊核试验场又成功进行了一次氢弹空爆试验，蘑菇云再次冲上云霄。

一周之内连续进行两次核试验，这在中国核试验史上绝无仅有。但让世界感到反常的是，中国却像什么事都没发生一样，核试验之后保持着沉默。

美联社为此发表评论说：

> 中共最近秘密进行两次核试验，其相隔时间之短及秘而不宣的反常做法，都充分表明，他们在这一时刻进行核试验，并非为了得到某种成果，而很可能是临战前的一种演习和检测……

10月1日，毛泽东等国家领导人登上天安门城楼，兴致勃勃地检阅了游行队伍。

10月4日，新华社才发布了一则简短消息：

> 正当全国亿万军民热烈庆祝伟大的中华人民共和国成立二十周年光辉节日的时刻，一九六九年九月二十九日，在我国西部地区上空，成功地进行了一次新的氢弹爆炸；在此之前，在一九六九年九月二十三日，我国还成功地进行了首次地下核试验……

最终，因多种因素，苏联没敢对中国实施核打击，一场核危机随之消散。

## 潜海蛟龙问世

1970年6月12日，经毛泽东批准，中央军委任命朱光亚为国防科委副主任。

7月8日，国防科委党委常委办公会议决定：由朱光亚主管核武器、核材料、核动力的科学研究和发展工作。从此，朱光亚由核武器研究院最高技术领导人成为国防科技战线核科技领域的领导者。

7月15日，朱光亚首次以国防科委副主任身份参加周恩来主持召开的中央专委会议，听取核潜艇陆上模式堆提升功率专项工程汇报。

核潜艇，又称核动力潜艇。1954年1月21日，世界上第一艘核潜艇在美国柯罗顿市下水。美国为这艘核潜艇起了一个很柔和的名字——"鹦鹉螺"号。

"鹦鹉螺"号的外形和色泽像一支巨大的雪茄烟，全长90米，核动力装置占了全艇约一半长。它的航行速度比普通潜艇快一倍多，若以每小时30海里计算，可以连续潜航50多天。这意味着"鹦鹉螺"号可以从海底穿越任何一个大洋而不需要"加油"，不需要上浮"透气"。当核潜艇配上核导弹后，它就可以从海底任何一处进行隐蔽发射。因此，核潜艇的核攻击极具威慑力。

1957年，继美国之后，苏联也研制成功了核潜艇。

1958年6月27日，聂荣臻向党中央和毛泽东主席呈报了一份题为《关于开展研制导弹原子潜艇的报告》的绝密报告。报告认为：

> 我国的原子能反应堆已开始运转，这就提出了原子能的和平利用和原子能动力利用于国防的问题。关于和平利用方面，科委曾开过几次会进行研究，已有布置。在国防利用方面，我认为也应早作安排。为此，曾邀集有关同志进行了研究，根据现有的力量考虑到国防的需要，本着自力更生的方针，拟首先自行设计和试制能够发射导弹的原子潜艇。

毛泽东和中央政治局常委很快批准了这份报告。中国由此掀开了研制核潜艇的历史性一页。

聂荣臻在报告中提到的"有关同志"，其中就包括朱光亚。核潜艇研制对中国完全是一个全新的领域。朱光亚有一本工作笔记《科学顾问谈话记录》，笔记中曾记录了苏联专家有关核潜艇的一次谈话。谈话中，苏联专家介绍了潜艇的发展历史、核潜艇的优势、美国建造核潜艇的有关情况，但对核潜艇的研制技术基本没有涉及。因此，研制核潜艇面临的困难要比研制原子弹更多。

1959年，赫鲁晓夫出访中国。中共领导人会谈时，提出核潜艇的技术援助问题。赫鲁晓夫当即予以回绝，大意是"核潜艇的技术太复杂，你们搞不了，花钱也太多，你们不要搞"，并拒绝提供核潜艇研制的技术援助。中苏关系破裂后，毛泽东发誓说："核潜艇，一万年也要搞出来！"

根据中央专委的部署，核潜艇的研制，由海军负责潜艇总体设计，二机部负责核动力设计，两个设计小组对外统称"造船技术研究室"。

1961年7月，海军舰艇研究院成立，刘华清任院长。核潜艇总体设计及相关装备研制工作转由该研究院负责。但到了1962年，国民经济遭遇严重困难。为了集中资源优先研制原子弹，中央专委决定，核潜艇工程暂时下马，保留一支潜艇核动力研究队伍继续从事相关理论研究和科学实验。1963年8月，根据中央专委的决定，原子能研究所反应堆研究室与海军舰艇研究院核潜艇技术研究室合并，成立潜艇原子能动力工程研究所，简称核动力研究所。

我国第一颗原子弹成功爆炸后，为继续研制核潜艇带来了新的契机。1965年3月20日，周恩来主持召开中央专委会议，批准核潜艇工程重新上马，列入国家重点计划，并将核动力研究所划归二机部建制。

朱光亚曾主持设计、建造了我国第一座轻水零功率装置，跨出了我国自行设计、建造核反应堆的第一步，对核反应堆的研制工作积累了一定经验。他和钱三强、彭桓武等核科学家研究后认为：由于缺乏核动力装置研制、试验和运行经验，为了保证安全，在建造潜艇核动力堆之前，应先建造一个陆上核动力堆，用于验证核动力装置的设计，摸索可控核裂变的规律，考验核材料、核设备的可靠性等。之后，根据中央专委的要求，核潜艇陆上模式堆在1970年建成。

陆上核动力堆由彭士禄、赵仁恺主持设计，他们是新中国成立后第一代留苏学生。经过5年艰苦探索，1970年4月28日，陆上核动力堆建造完成。之后，经过"冷""热"临界试验，表明工程质量完好，反应堆控制系统性能良好。朱光亚参加的这次中央专委会议，就是研究批准核潜艇陆上模式堆提升功率试验，以进一步验证陆上核动力堆各项性能指标是否符合设计要求。

中央专委会议决定，从7月17日凌晨2时开始，进行核动力堆提升功率试验。试验期间，周恩来专门派出工作组，深入现场与提升功率试验运行小组一起跟班作业，并三次亲自打电话了解作业情况。而作为国防科委副主任的朱光亚，更是密切关注整个试验工作进程，全程进行指导。

7月30日，试验达到满功率，各项性能指标都符合设计要求。这为我国第一艘核潜艇的建造打下了可靠的基础。

# 第十一章

# 大师风范

## 临危处置险情

在"文革"这个特殊的动乱时期,朱光亚为发展中国核科技事业竭尽了全力。

1970年12月,经中央军委批准,国防科委成立临时党委常委,朱光亚是11名常委之一。作为国防科技战线核武器研制的主帅,朱光亚肩上的担子更重了。

1970年12月14日,周恩来主持召开中央专委会议,听取朱光亚等人关于小型氢弹引爆弹原理性试验的工作汇报。氢弹小型化,是实现氢弹核武器的关键。这次引爆弹原理性试验,采用的是"强5"飞机仰甩投弹方式,是一次全新的核试验。

汇报过程中，周恩来仔细询问了可能影响这次核试验成败的诸多环节，特别叮嘱要把各种不利因素和意外情况都考虑到。12月23日，周恩来又在一份报告中批示：要做好飞机带弹着陆试验。周恩来的这个批示非常有远见。带弹着陆是预防意外情况出现时的重要安全措施。

朱光亚立即组织核武器研究院对飞机带核弹着陆的安全性试验进行论证，并会同空军一起制定了带弹着陆的试验方案，进行了多次模拟着陆试验。

1971年9月8日，周恩来再次召开中央专委会议，对核试验方案进行审议。会上，核武器研究院理论设计研究所副所长周光召汇报了引爆弹的研制情况，空军工程部外场部部长张开帙汇报了"强5"飞机仰甩投弹的准备情况。

张开帙在汇报中说："为了确保把核弹投下去，预设了三条投弹线路，即正常投弹线路、应急投弹线路，还有超应急投弹线路，并且在推脱装置上安装了两个燃爆管，可以保证把核弹投下去。"

这时，周恩来问："万一投不掉怎么办？"

张开帙答："解决办法有两个，一是为了不带弹着陆，飞行员在预定的安全投弹区跳伞，把飞机和核弹都摔在安全投弹区内；另一是突破禁律，带弹着陆。但带弹着陆要冒两种危险：一、着陆时飞机在跑道上可能被摔，二、着陆时核弹掉在跑道上。解决这两种危险的办法：一靠飞行员的沉着和技术，在跑道上不摔飞机；二是增加一个锁死弹钩的装置，即锁死装置。

万一在空中投不下核弹，就命令飞行员按一下按钮，把弹钩的开放机构锁死，保证着陆时不会由于震动等原因自动掉弹。"

听到这里，周恩来笑了，说："什么事情都要考虑'万一'的情况。只要我们准备了'万一'，就不会措手不及了。"这让朱光亚深受教益。为了落实周恩来指示，经过进一步论证后，很快在"强5"飞机上加装了弹钩锁死装置。

11月13日，朱光亚飞赴核试验场，主持两次不同型号的核试验，并对小型氢弹引爆原理试验进行工作部署。三次核试验交叉进行，前所未有，工作量很大。

12月23日，已在核试验现场连续工作了一个月的朱光亚，通过保密电话向周恩来报告："小型氢弹引爆原理试验准备工作将于12月27日就绪，拟安排核武器研究院、空军、核试验基地的同志26日来京汇报。"

12月27日，周恩来主持中央专委会议，听取朱光亚等人关于核试验准备工作汇报，并报毛泽东批准，同意于12月30日13时为这次核试验的"零"时。

12月28日，朱光亚等人返回核试验基地。

12月30日，实施引爆弹原理试验。按照分工，朱光亚坐镇马兰机场空军指挥所，会同兰州军区空军司令员杨焕民掌控核试验全局。济南军区空军副司令员王定烈担任马兰机场空军指挥所指挥员，空军某师师长宋占元担任投弹飞机塔台指挥员，飞行团团长、彝族飞行员杨国祥驾驶"强5"飞机执行核弹投掷任务。

12时20分，杨国祥驾机起飞，进入核试验场区上空。按照预定程序，13时整投弹，进行核爆试验。然而，意外情况出现了。杨国祥回忆道：

> 飞机离靶标9公里处，我一拉驾驶杆，机头仰起来，飞机向空中冲刺，仰度到45度时，我马上用力按下了投弹按钮，并迅速转飞回来。但情况没有按预先计划的那样把核弹投掷下去。这意外让我一怔，但不紧张，瞬间，脑际闪过"为什么没有投下？"我立即迅速检查了所有电门开关，证明操作没错，我马上向塔台报告："天山！天山！XXXX没有投下，请求应急投！"
>
> 塔台回答："同意应急投。"我说："明白。"我重新校正航线，距靶标9公里处，再次拉起飞机，按下应急开关，核弹仍然躺在弹舱里。

此时，朱光亚立即将情况报告了北京。周恩来当即指示：要沉着，再来一次。

杨国祥驾机第三次进入靶标上空，并使用超应急系统再次投弹，仍未成功。这时，飞机剩余油量已不允许进行第四次投弹了。周恩来立即下达命令："由现场指挥员临机处置，怎么安全怎么办！情况这样紧急，不能由北京决定了。"

周恩来的这一指示，意味着将全部指挥权交给了朱光亚。面对突发险情，朱光亚没有一丝慌乱，镇定沉着。凭着对核弹性能的深刻了解，以及先前已做过飞机带模拟弹着陆试验，他与杨焕民商量后作出决定：飞行员驾机返回机场，带弹着陆。

这时，大家心里都捏了一把汗。虽然此前进行过带弹着陆试验，但毕竟是模拟弹，现在可是真正的核弹，万一发生意外，后果不堪设想。随同朱光亚在指挥所的国防科委参谋宋炳寰回忆说：

> 朱光亚副主任和杨焕民司令员一起在机场的空军指挥所掌握飞机返航着陆的情况。此时，核试验基地指挥部命令机场和周围的人员都进入防空洞，并在机场拉响了警报器。当有人劝朱光亚副主任进防空洞时，他说："用不着进防空洞，没事的。"
>
> 朱光亚的镇定沉着，让本来很紧张的气氛，有了一些松弛。他静静地坐在指挥所里，思考着飞机带弹着陆后，怎么把核弹安全地卸下来、如何检查核弹投不下来的原因等问题。
>
> 为了避免不必要的牺牲，杨焕民司令员决定：在机场跑道边的塔台指挥车上，只留下宋占元师长和唐志敏指挥飞机带弹着陆。唐志敏是空军派驻马兰机场负责这次核试验航空工程技术的轰炸机处处长。他和朱光亚副主任依然坚守在指挥所。
>
> 宋占元师长担任塔台指挥员已有上千次，有着丰富的

处置特殊情况的经验。他迅速确定了飞机着陆指挥方案，当飞机接近有效联络距离时，他拿着话筒向飞行员呼叫："杨国祥，我是宋占元，我在塔台上，机场天气很好。你要沉着、冷静，再检查一下挂钩是否确实锁死，一定要保证一次落地成功。"扬声器里立刻传出杨国祥坚定、简练的回答："明白！"接着，宋占元命令杨国祥直接进入四转弯着陆，并发出一连串具体的操作指令："注意检查襟翼、起落架""注意调整速度"！

杨国祥回忆说：

> 我按规定的航线返航。飞机飞临机场，高度30米、15米，我全神贯注，准确地做着每一个着陆动作，心里想着只能成功，不能失败。飞机距地面6米时，我缓缓地向后拉杆，飞机稍稍仰起头，下沉速度也慢了起来。距地面1米，飞机开始平飘。紧接着，飞机又开始下沉……终于，两个主轮"哧"的一声接地了。我放出了巨大的阻力伞，使飞机刹车，飞机终于安全地停下了。

飞机携带核弹安全着陆，大家心里犹如一块大石头落了地。朱光亚立即拿起电话向北京报告。一直守在电话机旁的周恩来，这时轻轻地吐了一口气，深情地说："处置得当，很好！感谢核试验现场的同志们！"

接着，朱光亚又给守在北京空军指挥所的张开帙打了个电话，询问道："飞机安全着陆后，先要把核弹从飞机上卸下来。考虑到飞机机身可能会有静电，为了安全地卸下弹来，需要注意什么问题？"

听到朱光亚如此询问，在场的人敬佩之心由衷升起。飞机安全着陆，大家击掌相庆，心情松弛了下来，而朱光亚却以科学家的冷静和细心，想到了飞机机身可能有静电这个不被人注意的细小问题。随后，朱光亚主持会议，研究核弹从飞机上卸下来的工作程序和需要采取的安全防范措施。会议结束后，朱光亚顾不上休息，坚守在卸弹现场，直至核弹从飞机弹舱安全卸下后才离开。

当天晚上，朱光亚组织核武器研究院科技人员、执行飞行任务的空军空勤和地勤人员，一起分析查找故障原因。经过模拟试验，原来是燃爆管引线短路，造成燃爆管未能爆炸，致使核弹未能投掷下来。

是什么原因造成燃爆管引线短路了呢？第二天，朱光亚又将燃爆管研制生产单位工程技术人员、国防科委和空军的有关专家邀请到核试验基地，参与故障分析。

经过反复排查和实验，排除了设想到的、有可能造成故障的多个疑问。最后，在访问参加这次核试验的空军军械人员时才发现了问题。原来，军械主任出于好心，为了保险起见，将用于装载核弹的弹架上一个关键性小螺钉多拧了一下，却忘记了拧完后应测量电阻值这一工序规定。经过实验，就是这多拧了一下，造成弹架不开钩。

故障原因找到了。朱光亚再三强调，科研试验一定要严格按规定的程序进行，好心也能酿成大错。之后，朱光亚签发了三份报告呈报国防科委：关于核弹未甩投成功的原因分析和拟采取的改进措施；请示重新执行这项核试验任务的时间；关于这次核试验投弹程序和特殊情况处置意见。

经周恩来批准，同意再次进行核试验。为了确保这次核试验万无一失，在正式试验前，朱光亚特意安排杨国祥驾机进行了甩投训练弹和甩投模拟弹飞行训练，两次均获成功。1972年1月7日14时，杨国祥再次驾机起飞。他回忆说：

这天中午，气候骤变，雪花飞扬，褐色的云层覆盖在机场上空，戈壁风沙从西袭来。我登机前，司令员再三嘱咐："天气复杂，要谨慎小心。"

登机、滑行、起飞，我完成了一系列驾驶动作，转弯、俯冲、增速、打开系统开关，拉起机头，上仰到45度时，我用力按下了投弹按钮。顿时，飞机剧烈震动，当时我明白，核弹投下去了。

随即，强烈的光辐射，猛烈的冲击波，巨大的轰鸣声，撼动了罗布泊，天地间迅速升起了一柱滚滚的蘑菇云。核弹爆炸成功了！

站在指挥所窗台前，朱光亚静静地凝望着远处，耳边仿佛响起了核试验场排山倒海的轰鸣声……

## 故友自远方来

1972年9月，美籍华裔科学家、诺贝尔物理学奖获得者李政道从美国回到祖国访问。李政道是朱光亚在西南联大时的挚友。他在一篇文章中写道：

> 那时，他（朱光亚）21岁，已从西南联大物理系毕业后留校任助教。我19岁，是联大物理系二年级的学生。1945年，美国在日本广岛和长崎投下原子弹。抗战胜利后，兵工署署长俞大维向蒋介石提出，造原子弹，首先要向中国数理化方面的专家请教。在蒋介石的支持下，俞大维先生找物理学家吴大猷、化学家曾昭抡、数学家华罗庚去重庆商量。吴大猷、曾昭抡、华罗庚三位教授建议，除了专家教授外，必须在理、化、数三个领域中，各选两位杰出的年轻学者，与他们一起赴美国考察、学习原子弹的相关技术。
>
> 吴大猷先生选了朱光亚与我。为了使我们对原子物理与核物理能增加了解，当时在昆明联大，吴大猷先生还特地为我们开了一门量子力学课。光亚和我在课上课外建立了我们之间的友情。
>
> ……
>
> 几十年后，每当回忆这段往事，我常说，当初蒋介石派出去学做原子弹的几位，只有光亚是派对了，他回

国来是做原子弹了。选我是选错了,我没有学做原子弹,仅在纯物理的领域中工作。其他几位也都没有去做原子弹。

李政道夫妇到达北京后,得到了周恩来的亲切接见。陪同接见的有朱光亚和吴有训、周培源、钱学森、华罗庚等人。

1974年5月,李政道夫妇再次回国访问和讲学。朱光亚亲自前往接机。在北京,两人就国家的教育问题进行了长谈。

李政道多次访问北京,每次都与朱光亚有深入交谈,但朱光亚从未涉及原子弹、氢弹方面的事情。李政道在一篇文章里这样写道:

1947年在美国密歇根大学。左起:朱光亚、张文裕、杨振宁、李政道

我知道研制原子弹、氢弹是国家的秘密，因此，尽管1972年以后我与国内的物理学家来往密切，但我从没有私下了解这方面的事情。直到20世纪80年代以后，随着一些内情的公开，我才逐渐明白了其中的若干原因。

……

从公开的资料中，我才知道，光亚在这个科学家团队中起到了非常重要的作用。彭恒武先生称赞他"细致安排争好省，全盘计划善沟通，周旋内外现玲珑"，程开甲先生称赞他"深思熟虑，把握航道"，他的上级领导刘杰、李觉则说他是"杰出的科技帅才"。

1972年以后，我每次回到祖国都能见到光亚，但他对自己的成就和贡献从来只字不提，他总是勤勤恳恳、踏踏实实、默默无闻地做事。我听说，国内宣传科学家成就时，他经常列举别人，从不说自己。科技界的朋友们都说他作风严谨、求实，为人谦虚、低调，从不迎合别人说大话、空话；说他善于从全局的角度考虑问题，善于在复杂的局面中抓住关键，善于综合大家的各种建议形成正确意见，善于引导大家沿着正确的方向，推动科学技术稳步、快速、创新发展，是一位真正的战略科学家。

李政道，这位来自美国的大科学家对朱光亚的评价，可谓客观中肯。

## 深入核爆中心

在科学探索的道路上，真正的科学家是坚韧无畏的。

1975年10月，时任中共中央副主席、国务院副总理的邓小平指示："要抓紧发展地下核试验，尽快结束在大气层试验。"

邓小平提出的这一核试验新战略，既是为了加强国防现代化建设，也是为了进一步提高核试验水平，减少大气层的核污染。

10月18日，朱光亚赶赴核试验基地，组织领导第二次地下核试验。这次核试验采取的依然是平洞方式，参试单位多，在狭长的坑道里，核武器研究院、核试验基地、核测试机构、工程兵等科研人员和工程技术人员要分头并进、相互配合。针对这一情况，朱光亚特别指示："鉴于当前各单位已到试验现场，还是需要一个技术总体小组，抓一下试验技术准备的总体协调工作。"根据朱光亚的建议，技术总体小组由核试验基地、核武器研究院、工程兵等单位协商组成，核试验基地研究所所长程开甲任组长，核武器研究院副院长王淦昌任顾问。

作为核试验场的最高领导人，朱光亚可以不必事事亲力而为，但这不是他的性格和工作作风。从进入核试验基地第一天起，除了坐下来开会，他就奔波在试验现场，指导各参试单位进行核试验产品组装、联试，并对联试中出现的技术故障问题，及时组织科研力量查找原因，制定改进措施，确保万无一失。

10月26日，在朱光亚的主持下，核试验指挥部会议决定，

10月27日9时为这次地下核试验的零时。上报中央军委后，获得叶剑英、邓小平批准。

　　10月27日清晨，朱光亚早早地来到核试验指挥部，认真听取核试验前最后一次工作汇报后，核爆进入倒计时。指挥部里的空气，因为紧张仿佛凝固了起来。这时，坐在指挥席上的朱光亚，点燃了一根烟，偶尔还吐出几个烟圈，慢慢地飘散在空中。仿佛在沉思，又仿佛在养神。

　　指挥室外，广大参试人员聚集在安全地带，等待着历史性一刻的到来。待命取样的科研人员，在距地下核试验平洞口10公里处，神情专注地望着远处的山峰。

　　9时整，只见伴随着一阵闷雷般的轰鸣，山峰颤抖了起来，扬起了浓浓的白色粉尘。

　　取样人员立即驱车前往核爆洞口。在距洞口约95米处时，突然，从洞口内刮来一阵狂风，刹那间，漫天都是灰色尘埃，洞口处的山体，哗啦啦地倒塌下来，洞口被碎石堵塞，无法进洞内取样。经测试，现场的放射性剂量比较高。

　　消息传到指挥部，调度指挥员立即命令取样人员撤回。朱光亚召集指挥部成员开会，听取取样小组的情况汇报。

　　听完汇报，会场骚动了起来。王淦昌站起身，搓着双手，焦躁地来回踱步。忽然，他急切地说："我要进洞里去看一看，一定要把样品取出来！不然，怎么向周总理交代？怎么向人民交代？"

　　朱光亚赶忙劝阻："那怎么行呢，你不能去！我要对你负

我国早期地下核试验场景

责,对国家负责。"随后,朱光亚组织取样人员,又进行第二次、第三次取样,但到了洞口都无法进入,无功而返。朱光亚断然决定:暂停取样。

第二天,朱光亚决定亲自去洞口察看。王淦昌、程开甲随同前往。在洞口不远处,朱光亚一行停了下来。此时,洞口外的尘埃已经被风吹散,但不时还有石块往下掉落。

朱光亚往洞口前走去,随行人员赶忙劝阻,说:"让取样人员先过去看看。"

朱光亚摆了摆手,没有说话,继续往前走。到了洞口,只见乱石已将洞口堵住,取样人员确实难以进入。

霍然,朱光亚发现离洞口附近一处乱石堆的缝隙处,有一缕缕白烟冒出,扒开乱石,露出了预备洞口。朱光亚当即断定:"预备洞口有气体往外冒,证明这里还没有被堵死,可以去预备洞口试一试。"

经过商量,决定由取样人员从预备洞口进去,进入取样间取样。取样间设在爆心附近,里面装有各种测试仪器。这在当时实属不得已而为之。因为洞内情况不明,岩石和支架因核爆已经松动,随时可能塌陷,一旦把洞堵死,后果不堪设想。朱光亚再三强调,一定要保证安全。

由傅依备、霍国良、胡广才、张其林、叶全成、李怀曾、陈玉山、郑天璋等人组成的取样小组,戴上防毒面具和计量仪,抬着钢瓶,进入洞内。

取样小组进洞后,朱光亚的心一直悬着,直到他们安全归来,才松了一口气。

样品取出后,立即由化验室进行化验。44小时后,化验结果出来了,根据获得的核爆威力数据,证明这次平洞核试验是成功的。朱光亚特意去看望取样人员,一一握着他们的手说:"谢谢同志们!谢谢!"

第二次地下核试验虽然取得了成功,但平洞出现的大塌方现象,仍让朱光亚放心不下。是什么原因造成的呢?朱光亚一定要弄清楚。否则,这就是隐患。

朱光亚与程开甲商量后,决定一起进洞内实地考察。虽然取样人员进去过,但并不等于坑道里面就安全了。许多人都劝他们不要进去,说:"领导实在不放心,就让取样人员再进去一次,毕竟他们是专业人员。"

朱光亚笑了笑,没有答应。程开甲豪气地说:"不入虎穴,焉得虎子！"

两位大科学家：朱光亚、程开甲，带着少数几位随行人员，又一次来到平洞洞口。那里，还是乱石成堆。他们穿上防护服，戴上大口罩、手套、安全帽，从主坑道进入，然后钻进狭窄的管道里，艰难地向前。

核爆后，地下坑道已遭破坏，特别是取样间与爆室之间的行走通道，由于受到冲击波影响，已被挤压成直径仅80公分的管道。人进去，就得弯着腰、低着头，甚至得爬行。更危险的是，这里的放射性剂量很大，还随时有塌方的可能。

朱光亚个子又高，躬身弯腰更为困难。他走走停停，边走边看，有时就趴下身子，匍匐前进。在爆心附近，只见到处是石英石烧结生成的黑色玻璃体。

经过实地查看，朱光亚一行掌握了大量第一手资料，这对地下核试验现象学是很大的贡献。后经科技人员深入分析，是由于地下核试验场的地质环境不太理想，出现了塌方，而且这种地质条件还容易导致产生核爆炸分凝问题。分凝，对准确测定核试验当量有一定影响。

原因弄清了，对策也就随之产生了，重新选址。经过勘察，决定把一座具有花岗岩地质条件的山体，作为新的地下核试验场。

程开甲后来深有感触地说："如果新的试验场区不能选下来，后面的地下核试验，至少要推迟两年以上才能进行。如果继续用原试验场区，分凝问题解决不了，对发展核武器会有很多的阻力。"

20世纪80年代，朱光亚（左）和程开甲在一起

## 君当洁身自傲

随着邓小平的复出，一批被打倒的老干部也纷纷复出。其中，就有张爱萍。

出山之初，张爱萍先深入走访。国防科委系统的老干部、老科学家纷纷告诉他：国防科委目前很乱，派性严重，关系复杂，不好干。在谈到"两弹一星"研制情况时，大家不约而同地认为：原子弹、氢弹的研制情况要好一些，在6年内，共成功地进行了6次原子弹爆炸试验、9次氢弹爆炸试验。其中，包括2次地下核试验。航天方面，预定的研制任务只完成了一半，卫星发射接连失败。

1987年4月,朱光亚(右)与陈能宽、于敏(左)讨论学术问题

张爱萍特意询问核科学家陈能宽:"为什么原子弹、氢弹研制工作进行得好些,导弹和卫星的研制工作就进行得差些,你们没有受到'文化大革命'的冲击和干扰?"

陈能宽回答:"哪能没有受到冲击和干扰,但我们坚持拼死拼活地开展研制工作。经常是白天挨批斗,晚上干;有的甚至被游街、体罚,还接着干。"

张爱萍明白,核科技领域能在动乱中取得如此成绩,是因为有毛泽东、周恩来的坚定支持,有朱光亚这位科技主帅的杰出领导,有陈能宽这样一大批科学家忍辱负重地工作。

1975年3月8日,中央军委正式下达命令,任命张爱萍为国防科委主任。

上任后的张爱萍，做的第一件事就是大刀阔斧进行整顿。他在一首诗中写道："大张浩然正气，奋起千钧雷霆。摧枯拉朽邪恶镇，还我旧时精神。"他以国防科委的名义起草了一个决定，明确表示：在国防科技和国防工业系统中，坚决解散所有的派别组织。凡继续坚持搞派性活动的人，一律调离国防系统。这个决定上报中央后，经毛泽东批准，以中共中央〔1975〕14号文件下发。

张爱萍主导的整顿工作，受到了广大群众的拥护，也遭到了造反派的反对，攻击他是"复辟"。

朱光亚坚定支持张爱萍。在一次参加核试验基地党委常委会议上，他旗帜鲜明地说：

> 过去问题的后果，是把基地的科技队伍分裂了，许多正常进行的工作也乱了。什么原因？这次同志们学习文件和首长的讲话，对照检查，统一了认识，根本问题是在常委，要把常委中存在的不团结、搞派性的问题，通过自我批评的方式加以解决、消除，使基地形势转变过来，赶上全国尖端武器发展的需要。上次大会动员时，张爱萍主任讲，让我们回忆一下过去基地建设走过的路，我想我们都有同感，取得的成绩来之不易，对现在造成的影响应该痛心，我们再也不能容忍下去了！基地上去是大有希望的，把失去的时间抢回来也是大有希望的。

在核试验基地党委扩大会议上,朱光亚又再次讲话,强调指出:要把全基地的同志们动员起来,树立信心,发扬优良作风,特别是领导干部要首先整顿作风,克服派性,服从大局,不管什么时候,就是有变动也要搞好工作,站好最后一班岗。

整顿带来了明显的效果。1975年11月,我国发射的返回式卫星首次回收成功,成为继美国、苏联之后第三个掌握卫星回收技术的国家。

然而,好景不长。邓小平复出后所做的工作,被"四人帮"诬陷为是否定"文化大革命",是"右倾翻案风";张爱萍被诬蔑成是邓小平的黑干将,受到激烈地批判,最后不得不因病住进了解放军总医院。

跟随张爱萍去七机部开展整顿工作的国防科委参谋陈宝定回忆说:

> 1976年整个翻过来了,中央批准召开由国防科委党委常委和七机部党组成员参加的联席会议,批判揭发张爱萍。对我倒没有采取什么措施,还让我当特邀代表参会。张爱萍住院后,每星期有两次给他送材料,我就借送材料的机会去看他,也不敢和他多说话,相对无言。

在两委联席会议上,要求与会成员都必须发言批判张爱萍。在当时这是一种政治表态,事关政治立场。会上,有的人上纲上线,落井下石;有的人阿谀逢迎,丧失立场;有的人含糊其辞，被迫无奈。最后只剩下朱光亚没有发言了。

朱光亚之子朱明远回忆说：

> 那时我正好从部队复员在家，看到父亲整天闷闷不乐，一问才知道，科委党委常委在开会批判张爱萍，大家都发言批判了，就他还拖着没有发言。我问他为什么？他说，我不知道张主任错在哪里，说什么呀。但不说，又不能过关。我就自告奋勇，说我来帮你写批判稿。父亲看了看我，点了点头。于是，我就用了一个晚上，把那些批判张爱萍的材料，拿来七拼八凑地写了一个稿子。第二天，我把批判稿给了父亲。他拿起稿子仔细看了起来，边看边用笔在稿子上画着，说这不符合事实，这也不符合事实，最后，

20世纪70年代
朱光亚全家福

朱光亚对朱明远进行阅读辅导

把我写的批判张爱萍的内容全画掉了。他无奈地叹了一口气,对我挥挥手说:"你走吧。"

不久之后,朱光亚住进了解放军总医院。

这是朱光亚有生以来第一次住院。不是为了看病,而是不愿随波逐流。

面对逆流,张爱萍铮铮铁骨,朱光亚洁身自傲,俩人表现出了高贵的操守。

## 春天总会来临

张爱萍再次被打倒了。

朱光亚虽然愤而不平，却也无能为力。只有努力不停地工作，以完成邓小平、张爱萍的嘱托。

1976年1月8日，积劳成疾的周恩来在北京逝世。

朱光亚对周恩来有着深厚的感情。面对噩耗，他再也克制不住自己的情感，一个人躲在房间里，不言不语，默默地怀念……1月15日，参加完周恩来总理的追悼大会，他就奔赴核试验场，组织新型号的原子弹爆炸试验。

1月23日，核试验获得圆满成功。

1976年9月9日，中华人民共和国的伟大缔造者毛泽东逝世。全国人民沉浸在巨大的悲痛之中。朱光亚的言语更加少了，他为中国的前途深深地担忧。

9月24日，朱光亚再次亲临罗布泊核试验场，组织指挥一项新的原理性核试验。

9月26日，核试验再次获得圆满成功。

朱光亚继续留在核试验场，又开始组织指挥第三次地下核试验。

这些日子，朱光亚就是工作、工作，不停地工作，将悲痛化为了力量。

10月6日，"四人帮"被粉碎了。喜讯传到罗布泊，群情振奋。朱光亚召开指挥部会议，决定于10月17日进行第三次地下核试验。这是一次新的氢弹试验。

10月17日13时，罗布泊大地再次颤抖，地下核试验又一次获得成功。

核试验成功之后，朱光亚没有回京，继续留在核试验基地进行调研，谋划核武器下一步的战略发展。

10月27日，朱光亚主持召开核武器研究院和核试验基地联席会议。会上，朱光亚谈了自己的思考：

> 核试验首先是为武器服务的。武器要一代代发展，核试验如何转变成武器，关键是技术，真正打破两霸的核垄断。
>
> 第一代武器基本解决了，明年、后年到1980年核试验，是为第二代作准备，就是作战本事大一些，弹头小一些，这是很重要的方面，需要花费更多的人力物力，二机部、核武器研究院有许多工作要做。
>
> 地下核试验问题，是毛主席指示过的，我看是不是从明年开始，一年一次或两次，竖井试验还没有做，看来有一定优点，可以机械化作业，但我们总归是没有经验。当初开会的时候，大家连个概念也没有，基地和核武器研究院做了大量的研究和实验工作。

在讲话中，朱光亚还就核试验的效应试验，进行了深刻的分析，提出了具体的指导性意见。

第二天，朱光亚主持召开了第一次竖井方式地下核试验任务现场会。

竖井方式相比平洞方式，它的难度更大。后者好比是挖一个平行的坑道，前者就好比开采一口垂直的油井。不仅技术更为复杂，而且还需要大型的钻机设备。对此，朱光亚早有谋划。1974年9月，他就指示核试验基地预先规划，做好竖井地下核试验的准备工作。对大型钻机设备的研制，他特别强调要进行深入研究，提出明确的技术要求，避免走弯路。他说："前期再慎重、周到点，也许后面稍晚些，但能避免走弯路。"

这次现场任务会开了9天。会上，朱光亚要求大家畅所欲言，共谋良策。经过深入讨论，最后确定了竖井地下核试验总体方案，成立了总体技术小组；商定了第一口竖井的建井设计，组建了现场设计队伍；初步安排了竖井地下核试验的准备工作计划。会议根据朱光亚的提议，还对核武器研究院和核试验基地的工作进行了具体的分工，并达成了一致意见："本着相互学习，团结协作，争取更大胜利的精神，在保证一套完整数据的前提下，重点数据作必要的重复，尽可能上一些新技术以探索新测试手段。"

会议结束后，朱光亚紧接着就组织全当量氢弹头定型试验。这是一次非常重要的核试验。定型试验成功，标志着氢弹核武器可以装备部队使用了。

11月11日，朱光亚返回北京，向华国锋、叶剑英等中央领导同志汇报这次核试验任务的准备工作。

这是粉碎"四人帮"后，朱光亚第一次面见新的中央最高领导。他们对朱光亚的工作十分满意，批准了这次核试验方案。

汇报会结束后，朱光亚立刻返回核试验场，组织指挥核试验。11月17日，全当量氢弹头定型试验获得圆满成功。华国锋、叶剑英等中央领导相继批示，对朱光亚等参与核试验者予以表彰。新华社受权发布新闻公报。新闻公报特别指出："这次新的氢弹试验，把我国核武器的水平提高到了一个新的高度。"

1977年8月，中国共产党第十一次全国代表大会在北京召开。这是粉碎"四人帮"后召开的第一次全国党代会。国防科委主任张爱萍、副主任朱光亚当选为中央委员，国防科委政委李耀文、副主任钱学森当选为中央候补委员。

党的十一大会议结束后，朱光亚即与政委李耀文赴核试验基地组织指挥又一次核试验任务。

在核试验场，朱光亚见到了老领导李觉。当年在核武器研究院时，他是李觉院长的得力助手。在朱光亚成长的道路上，李觉给了他很多帮助和关怀。握着李觉的手，朱光亚哽咽地说："老领导，您受苦了。"

而李觉也百感交集。见到朱光亚现在已是国防科委副主任，是核科技战线的科技主帅，李觉高兴地说："你干得很好，很好！"

# 第十二章

# 春暖花开

## 飞弹横空出世

1978年1月，由朱光亚组织撰写的《三年核试验规划汇报提纲》，几经修改，最终定稿。

2月14日，华国锋主持中央专委会议，听取朱光亚代表国防科委进行《三年核试验规划》汇报。汇报中，朱光亚深刻分析了战略核武器的发展趋势。

战略核武器是由威力较高的核弹头和射程较远的投射工具组成的武器系统。它主要包括：陆基洲际弹道核导弹、潜地弹道核导弹和携带核弹的战略轰炸机等。

有核弹头而没有投射工具，叫有弹没枪；有核弹头而没有射程较远的投射工具，叫有弹没好枪，缺乏核威慑力。

"文革"期间，核弹头的研制工作虽然受到干扰，但进展顺利，成果显著。而远程导弹的研制，因遭受到了严重干扰，进展缓慢，不随人愿。

张爱萍主持国防科委领导工作后，就将洲际导弹的研制任务摆在了首要地位，并和潜地导弹、通信卫星列为在20世纪80年代前期必须要完成的重点任务，称其为"三抓"或"三大战役"。

我国研制的洲际导弹，射程达到8000公里以上。1971年9月，进行了首次低弹道飞行试验，由于二级火箭发动机提前关机，弹头未落于预定地点。1972年11月至1973年4月，又进行了两次遥测弹发射试验，也未获得成功。表面上看，发射失利是弹的质量和可靠性方面存在问题而造成的，但究其深层次原因，则是因为"文革"造成的动乱，使正常的科研、生产秩序遭到了严重破坏。

张爱萍第一次复出后大抓整顿，就是想恢复正常的科研、生产秩序，但含恨未能成功。这次大环境变了，张爱萍的整顿工作很快就见了成效。1978年至1979年，先后进行了多次洲际导弹低弹道、高弹道飞行试验，均获得成功。

由于我国研制的洲际导弹的射程达到了8000公里以上，在国内本土无法进行全射程试验。因此，研制前期采用的是短射程的特殊弹道，即以低弹道、高弹道方式，在陆上进行洲际导弹飞行试验。

而要全面检验洲际导弹的性能指标，必须要进行全射程试

我国首枚洲际地地弹道导弹发射成功

验。1980年5月,以西北导弹发射试验基地为发射阵地,向南太平洋预定区域进行了洲际导弹全程发射试验,对外称远程运载火箭发射试验。试验获得圆满成功。

这次试验震惊了世界,法国军方向中国军方祝贺说:"中国已掌握了洲际导弹的技术,这是独立的无价之宝。"瑞典军方人士表态说:"中国进行洲际导弹试验是令人高兴的事,这不仅表明中国是世界上的军事大国之一,而且也有利于世界军事力量的平衡。"

与此同时,与洲际导弹配套的核弹头研制工作,在朱光亚的领导下，也取得了显著成果。

洲际导弹的核弹头，是由核爆炸装置、引爆控制系统和相应的结构部件组成，位于导弹的前端部，因此，又称核战斗部。

洲际导弹发射起飞后，到达主动飞行段终点，核弹头就和弹体分离，弹头沿着惯性弹道在外大气层飞行，最后重返大气层，飞向预定目标。而核弹头的引爆控制系统，就是保障核弹头在飞行过程中具有高安全性，在战斗使用时具有高可靠性，在发出起爆信号时又具有高准确性，使核弹头在预定目标、预定高度、预定时间内实施起爆。要具备这些高标准性能，有着非常多、非常复杂的技术问题。

因此，朱光亚最关注的就是引爆控制系统的研制工作，多次听取核武器研究院的研制工作汇报，帮助他们把握研制方向，指导解决研制过程中遇到的问题。

曾任核武器研究院党委书记的姜悦楷深有感触。他说："我们每上一个型号，都是在广泛听取意见、经过反复研究之后，首先要向朱（光亚）主任汇报，听取他的意见；即使平时一些具体的关键技术问题，往往也是向朱主任汇报，得到他的认可之后我们才放心。"

1982年10月，我国又决定进行潜地导弹发射试验。潜地导弹，就是由潜艇从水下发射战略导弹，更具隐蔽性，是重要的核威慑力量。

早在1965年8月，中央专委就决定成立了潜地战略导弹总体设计部。潜地导弹发射技术极为复杂，涉及潜艇、导弹、核弹头三个重要方面。比如：由于潜艇空间有限，导弹外形尺寸有严格限制，弹头核装置、装弹仪器必须轻型化、小型化；由于潜艇在水下运动以及海水、浪、涌、流等作用，导弹点火时的姿态稳定有很高要求；由于潜艇是在水下发射，导弹在水下严重受力，其载荷、强度设计和计算更为复杂；由于潜艇长期处于水下，导弹（含核弹头）的气密性、水密性保证以及对油雾、盐雾、霉菌等水下恶劣环境的防护，有着一系列复杂的技术问题。

其中，潜地战略导弹的核弹头，是组成武器系统的一个重要的独立系统。当时，核武器研究院科研任务十分繁重，原子弹、氢弹、战略导弹核弹头多头并进。主持核武器研究院工作的朱光亚，运筹帷幄，合理调度，经过多年刻苦攻关，带领大家成功研制了我国第一枚轻小型弹头，在导弹弹头设计技术方面达到了新的水平。

10月12日，我国成功发射第一枚潜地导弹，它标志着中国的战略导弹，完成了从液体发射到固体发射，从陆上发射到海上发射，从固定阵地发射到隐蔽机动发射的进程，中国成为世界上第五个拥有水下发射导弹能力的国家。

就在我国成功发射潜地导弹之际，朱光亚又亲赴新疆核试验场，组织指挥了第二次竖井地下核试验。这次核试验的成功，标志着我国已经成功掌握了地下核试验技术。

1986年3月，中国政府在维护世界和平大会上庄严宣布：我国已多年未进行大气层核试验，今后也将不在大气层进行核试验。

我国首次以潜艇从水下向预定海上目标发射运载火箭

## 利器秘而不宣

在洲际导弹、潜地导弹研制期间,一项新型核武器的研制工作也在秘密进行,它就是中子弹。

中子弹研制始于1958年。那年,美国兰德公司接受了来自军方的一项绝密研究任务,探索一种低威力、高辐射战术核武器。

经过两年的探索性研究，兰德公司的专家们认为，强辐射武器比当量大得多的原子弹，更能有效杀伤敌方地面部队，而且可以大大减少己方部队受辐射影响。

1960年，这项研究获得美国政府支持，指令有关部门："立即采取措施，保证尽早尽快地研制出强辐射核武器系统。"这个新型的战术核武器，就是后来为全世界所广知的中子弹。

中子弹是一种特殊设计的小型氢弹。它以高能中子为主要杀伤因素，相对减弱冲击波和光辐射效应。因此，其较为确切的名称应该叫做增强辐射弹（enhanced radiation weapon）。

美国核物理学家S.T.柯恩提供的一份研究资料指出，在150米高度爆炸时，中子弹的辐射杀伤半径与威力大10倍的原子弹相当，如果适当提高爆炸高度，在核辐射杀伤半径基本不变的情况下，中子弹对建筑物的破坏半径还可以大大减小。为此，西方媒体把中子弹评论为：一种"杀人不杀物"的核武器，是"用它致死的无形'子弹'——中子，轰击一特定地区，在一定距离内杀伤敌方部队，但对财产的破坏仅限于小范围内"。

对中子弹的设想，虽然有了理论性轮廓，但研制的过程却是漫长而艰难，美国花了10多年才有了实质性进展。

1977年6月，美国《华盛顿邮报》最先透露：美国正在研制中子弹，并已接近成功。

1977年7月6日，美国能源研究与发展署透露：当年，美国在内华达核试验场成功进行了一次中子弹试验。

1977年7月12日，美国总统卡特在记者招待会上首次证实，美国已研制成功新一代武器——中子弹。他说："这种弹头完全是作为一种战术武器设计的。"同年10月，卡特下令生产中子弹。

由于中子弹从根本上改变了战争的方式，打破了美苏之间的军备平衡，遭到苏联强烈反对。而美国的西欧盟友对中子弹也心存顾忌。因为一旦美苏两大军事集团发生战争，美国在欧洲领土上使用中子弹，最后遭殃的只能是欧洲人民。因此，他们对美国宣布生产中子弹采取了不积极的态度。同时，美国内部也存在着不同声音。基于以上原因，1978年4月，卡特决定推迟生产中子弹，而只生产中子弹的主要部件。

正当美苏为中子弹喋喋不休地争吵时，朱光亚敏锐地感觉到：美国的所谓"推迟"，只不过是暂时性的"让步"，并不影响它掌握中子弹技术。中子弹迟早会成为美苏等核大国手中的新型核武器。

1978年5月5日，在国防科委机关举行的科学技术讲座上，朱光亚就中子弹技术进行了主题演讲。这个演讲既是普及中子弹知识，也是向我国核科技领域传递了一个信号：中国也要研制中子弹。

其实，早在1977年7月，卡特总统宣布美国已研制成功中子弹时，朱光亚就开始谋划中子弹的研制工作了。

1977年9月，国防科委核技术局根据朱光亚的指示，草拟了一份《关于中子弹问题的报告》。朱光亚亲自修改、审定了这份报告。该报告介绍了美国研制中子弹的情况，分析了世界核武器的发展趋势，提出了我国也应该研制中子弹的战略设想和初步规划。

9月9日，朱光亚将这份报告批转给核武器研究院邓稼先、于敏，听取他们的意见。9月13日，朱光亚又将经邓稼先、于敏修改后的《关于中子弹问题的报告》呈送给张爱萍，并附信予以说明。

9月17日，张爱萍将这份报告呈报华国锋、叶剑英。中央经过慎重研究，同意进行中子弹研制。

由此，在朱光亚的直接领导下，由邓稼先、于敏主持，核武器研究院启动了中子弹研制工程。

1980年初，邓稼先被任命为核武器研究院院长。在一次研究中子弹的学术会议上，他背诵了被誉为"氢弹之父"的美国物理学家爱德华·泰勒说过的一句名言："我不爱武器，我爱和平；但为了和平，我们需要武器。"之后，他讲道：

> 如果说，原子弹、氢弹是大规模摧残性的进攻武器的话，那么，新一代的核武器则是一种有效的战略防御武器，是"扼杀武器的武器"。它对于保卫国防具有更重要的价值。这个"扼杀武器的武器"，我们一定要搞成它。外国人可以做到的，我们一定可以做到。

在另一次研究中子弹的专家会议上，于敏也感慨地背诵起

1984年10月16日,在纪念我国第一颗原子弹爆炸成功20周年之际,朱光亚(左一)和张爱萍(左二)、邓稼先(右一)到家中看望聂荣臻

了诸葛亮的《后出师表》:"……臣受命之日,寝不安席,食不甘味……夫难平者事也!""……臣鞠躬尽瘁,死而后已。至于成败利钝,非臣之明所能逆睹也。"

诗言志,文言情。邓稼先、于敏表达了中国科学家为了国家强大的深厚情感。

不久,邓稼先被检查出身患癌症,已到晚期。但他坚持工作在第一线。他对妻子说:"搞我们这一行的,总是要有点牺牲的。"

经过朱光亚、邓稼先、于敏等科学家的艰苦努力,中子弹研制工作取得重大突破。1983年5月,他们三人亲赴核试验场进行中子弹初级原理性试验，获得圆满成功。

之后，中子弹研制一步一个台阶，进展迅速。1984年11月，经朱光亚修改后的《请批准今年12月下旬进行中子弹的第一次原理性核试验》报送中央专委，得到批准。

1984年12月，朱光亚、邓稼先、于敏再次亲临核试验场，组织指挥中子弹第一次原理性试验。

实施核试验当天，邓稼先晕倒在了现场。经过抢救，他苏醒了，说的第一句话就是："测试结果出来了吗？"看着递过来的测试数据，邓稼先兴奋了："中子主体点火正常！燃烧正常！总剂量超过上限，理论和实践取得全面成功！"

1986年7月17日，邓稼先被国务院授予全国劳动模范称号。朱光亚陪同国务院总理李鹏来到解放军总医院，为病中的邓稼先颁发证书和奖章。

1986年7月29日，邓稼先在北京逝世，享年62岁。

1988年9月，我国在罗布泊核试验场成功实现了中子弹爆炸，标志着我国全面掌握了中子弹研制技术。

中国虽然有了中子弹，但一直秘而不宣。

过了11年，直到1999年庆祝中华人民共和国成立50周年时，朱光亚指示有关部门，在发布国防建设成就时，可以公开披露中国已经掌握了中子弹技术。

此新闻一经公开，国人振奋，世界震惊。

张爱萍当年写的一首诗："合金钢不坚，中子弹何难。群英攻科技，敢破世上关。"随之也流传了开来。

## 科学界的旗帜

1985年3月9日,中央军委任命朱光亚为国防科工委科技委主任。

4月16日,经中共中央、中央军委批准,国防科工委党委正式成立。党委常委由七人组成,朱光亚是常委之一。由此,朱光亚作为国防科工委领导核心之一,成为国防科技工业战线的科技主帅。

朱光亚主持国防科工委科技委工作后抓的第一件大事,就是开展国防科技工业战略研究。这项研究立足当前、谋划长远,具有全局性和战略指导性。

1991年5月,中国科协第四次全国代表大会在北京召开,朱光亚当选为中国科协新一届全国委员会主席。

1991年6月,在中国科协四届二次常委会议上,朱光亚明确提出:当前,中国科协的首要任务就是发动各级科协及所属团体,组织广大会员和科技工作者深入学习和贯彻"科学技术是第一生产力"的思想,并面向社会进行宣传,努力把经济建设真正转移到依靠科技进步和提高劳动者素质的轨道上来。

朱光亚认为,中国科协的最大优势,就是作为科技工作者自己的群众组织,能够最广泛地团结和联系全国各地区,各民族、各条战线、各类岗位、各种年龄的科技工作者,这是我们能够履行自己职责的根本基础和条件。我们应当无比珍惜这一优势,把这一优势最充分地发挥出来。

在第四届中国科学技术协会大会上，朱光亚和钱学森亲切交谈

曾任中国科协办公厅副主任的吴伟文回忆说：

由于科协是1958年由中华全国自然科学专门学会联合会和中华全国科学技术普及协会合并而成，因此社会上乃至科协的一些同志，常常只注意到科技交流方面的功能，而忽视科协作为人民团体这一基本属性。在党的十四大确立建立社会主义市场经济体制以后，科协有些人片面地认为今后要以经济效益作为价值取向，党的群众工作和社会公益性的科普工作都不需要了。针对这些误解，朱光亚反复阐述要正确理解和全面认识科协的作用。

在1993年初举行的四届三次会议上，他提出科协应成为"促进社会主义现代化建设、民主政治建设和精神文明建设的一支重要社会力量，能够对成员提供有效服务和维护合法权益的科技工作者之家，做到影响力、凝聚力和经济实力三者协调发展"。

在1994年初举行的四届四次会议上，他又鲜明地提出要"全面理解科技工作者和科技群众团体工作的价值标准"，强调对基础研究"不能用市场经济的价值标准来衡量其工作成效"，科协工作"要防止把市场经济与公益性原则对立起来"，"始终牢记科协是科技工作者的群众组织和党领导的人民团体，不同于社会上的一般科技实体或公司"，"要既适应社会主义市场经济发展，又符合科技团体发展规律"。这一系列论述，为科协这艘船在经济体制转轨后找准方向起到了重要作用。

正是基于这样的认识，朱光亚担任中国科协主席期间，特别强调各级科协组织要克服行政化倾向，摆正机关与团体的关系，真正做到对党政领导负责与对科技工作者负责相统一。要认真研究和把握群众团体的工作特点和规律，改进机关作风，竭诚为全委会、常委会服务，为学会、下级科协和广大科技工作者服务。

作为老一辈科学家，朱光亚担任中国科协主席后，对青年科技人才的培养和成长尤为重视。1992年，在他的倡导下，中

朱光亚（左）在中国科协第五次全国代表大会上与新任科协主席周光召亲切握手

国科协创立了青年学术年会，为青年科技工作者展示才华、脱颖而出搭建了一个专门的舞台。1994年，在他的积极推动下，由中共中央组织部、国家人事部和中国科协共同设立了"中国青年科技奖"。1995年，朱光亚又倡导设立了中国科协青年科学家论坛，在这个论坛上，朱光亚引导青年科学家通过相互切磋、交流、研讨，发扬光大学术民主和学术争鸣的风气，以进一步提高青年科技工作者的学术水平和科研能力。作为中国科协新的当家人，再一次清晰地体现出战略科学家的特质。

1993年11月，国家科委、中国科学院联名向党中央、国务院呈上一份报告，建议成立中国工程院。报告认为：根据我国的实际情况和发展战略目标，在今后数十年内，努力提高工程技术水平和研究、设计、建造能力，将是我国面临的战略任务。建立一个以工程技术专家为主体的独立的最高荣誉性、咨询性的学术机构，对进一步提高工程技术界的社会地位，广泛调动工程技术人员的积极性，并发挥其整体作用，加速我国的基础工程建设，提高我国的综合国力，增强国际竞争能力，将产生直接的重大影响。

不久，经党中央国务院批准，成立了中国工程院筹备领导小组，宋健任组长，钱正英（全国政协副主席）、周光召（中国科学院院长）、丁衡高（国防科工委主任）、朱丽兰（国家科委常务副主任）、戚元靖（全国人大环境保护委员会副主任）、师昌绪（中国科学院技术科学部主任）、林汉雄（原建设部部长）任副组长。

中国工程院筹备领导小组成立后，经过反复研究和充分听取各方面意见，制定了第一批中国工程院院士的提名、遴选办法。

经过反复酝酿，最后经中国科学院学部主席团推荐，中国工程院筹备领导小组无记名投票，第一批中国工程院院士为96人，其中，包括钱学森、王大珩、张光斗、宋健等30名中国科学院院士。

96位中国工程院院士产生以后，由谁来担任首任中国工程院院长，这是中国工程界乃至党中央、国务院都十分关注的问题。

**中国工程院首任秘书长葛能全回忆道：**

工程院前期筹备时，朱光亚先生是筹备领导小组45名成员之一。当时，他身兼中国科协主席、国防科工委科技委主任等职，工程院筹备工作他参与不多，主要由国务委员宋健同志兼任筹备领导小组组长抓总。

筹备领导小组受党中央、国务院委托，按照批准的原则和步骤紧张工作，经过提名、评审和无记名投票，选出96名首批中国工程院院士。接着，一个众所关注的问题提上了议程，就是首届工程院领导班子，特别是院长由谁来担任。

对这个问题，不仅是全体院士，也是全国工程界，包括国际上特别是华裔学者都予以关注。中央组织部负责推荐工作的武连元副部长强调，工程院能不能开创一个好的局面，领导班子是很关键的，尤其是院长人选，要大家能接受，国内外能接受，院士能接受的。

据我接触，中组部考察小组的工作做得既民主，又细致、周密，仅仅一个多月时间，经过全体院士两轮自由提名、个别访谈和开座谈会听取意见，到4月初，工程院首届领导班子便有了眉目，而朱光亚则被列入院长的推荐名单中。

4月9日上午，我受筹备领导小组委托，如约来到朱光亚处，当我汇报有关情况后，他明确地说，院长应该由工程专业背景更强的院士担任,他提出了一位认为合适的人选。他还表示,自己担任中国科协主席,事情很多,恐怕精力和时间顾不过来。听完他的话,我深受感动,没想到一位驰誉海内外的大科学家如此坦诚,令我难以忘怀。

后来,朱光亚仍被确定为院长人选。考察小组于1994年5月17日和18日召开座谈会,征求在京院士对工程院领导班子意见时,大家都表示接受。许多院士认为,朱光亚出任首任院长是众望所归,这既有利于树立国内外影响,他又能挑得起这副担子。

1994年6月3日,中国工程院成立大会在中南海怀仁堂隆重开幕。开幕前,中共中央政治局常委集体会见了全体院士。根据国务院批准的文件,中国工程院成立大会的主要议程有两项:一是讨论制定《中国工程院章程》,二是选举院长、副院长,并组成中国工程院主席团。

1994年6月7日,经中国工程院全体院士无记名投票,朱光亚当选为中国工程院院长。同日,经党中央批准,朱光亚被任命为中国工程院党组书记。这年,朱光亚70岁。

担任中国工程院院长后的朱光亚,虽然年事已高,但老骥伏枥,依然竭尽全力为国家服务。对此,身为中国工程院秘书长的葛能全特别有感触。他说:"作为中国工程院党组书记和院长的朱光亚,清楚地意识到肩上的分量,他思考最多的问题,就是如何发挥集体智慧把基础打好,在国内外树立起工程院的

朱光亚（左一）在科研一线视察工作

良好形象。"

中国工程院成立之初，要做的事情很多，但朱光亚却将工程院院士的学风道德建设摆在了重要位置。在首次增选中国工程院院士的评审会上，他语重心长地讲道：

> 国务院文件和《中国工程院章程》均做出明确规定，中国工程院院士是国家设立的工程技术方面的最高学术称号，为终身荣誉。因此，作为具有这样很高声誉的院士个人，理所当然应该在工程技术上有重要成就和贡献，同时也应该具有良好的学风道德，使得中国工程院院士这个集体，真正成为全国工程技术界的榜样。学风道德是科技界精神文明建设的一项重要内容，特别是近些年来，大家对

那些违反科学精神的行为非常厌恶，更普遍感到这个问题的重要，而且迫切需要在各方面引起重视。正是这样，这次工程院在增选院士过程中，在对候选人成就、贡献进行认真评审的同时，对学风道德也应予特别关注。比如，获奖、文章署名材料及评价是否实事求是等等。对这些问题，在评审中都要努力去弄清楚，并尽可能做出客观、公正的判断。

朱光亚认为，规范学风道德建设，不能仅凭个人的自觉性和政治思想教育，更要有组织保证。在他的极力推动下，中国工程院成立了科学道德建设委员会，并明确规定，其主要职责有五项：弘扬科学精神，加强科学道德和学风建设，制定院士行为规范，处理与科学道德和学风有关的问题，对有关道德和学风问题的个案提出处理意见。

科学道德建设委员会成立后，先后制定了《中国工程院院士增选工作中院士行为规范》《中国工程院院士科学道德行为准则》，并对违反上述规定，根据情节轻重，提出了处理办法：全院通报批评、向社会公报、撤销院士称号。应该说，这是朱光亚对中国工程院的重要贡献，同时，也反映出他在道德建设上的远见卓识。

1996年10月，朱光亚荣获"何梁何利基金科学与技术成就奖"，奖金为100万元港币。这在当时，可是一笔数目可观的巨款。

当时，在朱光亚的倡导下，中国工程院正在筹建中国工程科技奖励基金。获得"何梁何利基金科学与技术成就奖"后，朱光亚立即将它捐赠给了中国工程科技奖励基金会。

葛能全回忆说：

> 1996年10月，光亚院长获得了"何梁何利基金科学与技术成就奖"100万元港币奖金。颁奖头一天他对我说，要把全部奖金捐助给中国工程科技奖励基金，并且说这是经过考虑、不可改变的。但我还是不忍心他这样做，因为100万港币对于任何个人都不是一个小数目，即便存银行，当时每年的利息少说也有10多万，而且我也了解他家里并不很宽裕，于是我试探性地建议，是不是拿出一部分？他回答十分平和："就这样吧。"第二天，我拿到奖金支票后，又重复了上述建议，他说："作为中国工程科技界的工程科技奖励基金，现在都是由台湾和港澳同胞捐助的，如果我们也能出一点，虽然数目不很多，总是比较好一些。"乍听起来，理由非常一般，而认真领会一下，其中包含了一种真诚的心意，一种很高的境界。
>
> 令人感动的是，光亚院长捐助100万港币后，反复叮嘱我不要宣传。我深知，不张扬，是光亚院长一贯的风格，他是真心实意要求我这样去做的。我体会到，他不让宣传，还有另一层意思，就是不希望这种做法给旁人造成压力。因此，我完全尊重他的意见，没有损害他十分可贵的内心

朱光亚最喜欢的运动方式之一：骑自行车

境界。很长时间，即便是工程院院士，也很少有人知道这件事，外界更是无人知晓。

葛能全还介绍道：

> 自朱光亚担任中国工程院党组书记和院长以后，凡是外出，坚决拒收礼金礼品，甚至以科学家身份被邀请作学术报告或发表讲话，实在不可推脱收到了纪念品，包括国外人士赠送的纪念品，无论物品大小，他都悉数交公，并如实说明纪念品来历。据我所知，光亚院长上交的纪念品有照相机、CD唱机、手表，也有纪念徽章等。

朱光亚是著名科学家，又是国家领导人，但他在中国工程院从不搞特殊化。无论是在军事博物馆租房办公，还是后来在科技会堂办公，来宾几乎都要感叹，如果不是亲眼所见，难以想象工程院院长的办公条件是那样的简陋。平时，光亚院长对于公款开销，哪怕不是大数目，也常放在心上掂量。比如，因公宴请外宾，他在会上会下多次说过，不要把规格搞那么高，上那么多菜，既浪费钱，又花很多时间，应该改革。他还说，其实外宾也不见得很喜欢这样，他们请人吃饭都是很随便的。

身兼中国科协主席和中国工程院院长的朱光亚，以其崇高的威望，杰出的才华，高尚的人品，成为中国科技界一面令人仰望的旗帜。

# 尾　声

虽然担任了全国政协副主席、中国科协主席、中国工程院院长等重要职务，但身为国防科工委科技委主任的朱光亚，心里始终牵挂的依然是奋斗了一生的国防科技事业。

1996年9月10日，联合国大会以压倒多数通过了《全面禁止核试验条约》。具有讽刺意义的是，作为条约发起国，美国国会居然至今都没有批准该条约。

这件事说明在核武器还没有全面销毁之前，核威胁、核危险依然存在。全面禁止核试验只是走向全面核裁军的关键一步，今后的路还很长。

1996年12月，朱光亚出席中国工程物理研究院纪念氢弹原理突破30周年大会。会上，朱光亚严肃地指出：

核禁试条约的签订，并不表明西方大国放弃了核武器

朱光亚和杜祥琬（右）在美国加利福尼亚州参加军备控制会议时

技术，而是核技术发展进入了一个新阶段。核禁试是一个"分号"，不是"句号"。要保持优良传统，发扬革命精神，保持核武器研制队伍的精神不衰、传统不丢、作风不改。要下决心，在核禁试条件下发展核技术，相信我们一定能够走出一条既能保证我们核武器的有效性、又能继续发展我国的核武器技术、有我们自己特色的道路来。

1999年1月4日，中央军委任命朱光亚为解放军总装备部科技委主任。此时，朱光亚已75岁高龄。

担任总装备部科技委主任后,朱光亚最关注的是武器装备建设的长远发展。在他极力主导下,总装科技委将武器装备预研发展战略研究作为工作重点。战略研究,是朱光亚长期坚持的一个重要思想。

1999年9月18日,中共中央、国务院、中央军委授予钱学森、朱光亚等23位在"两弹一星"研制中做出突出贡献的科技专家最高荣誉称号,并为他们颁发"两弹一星"功勋奖章。在总装备部的表彰会上,朱光亚深情地讲道:

> 我有幸受到中共中央、国务院、中央军委的表彰,获得了这一奖章。我把这看成是我国整个国防科技事业的荣誉。因为,没有中国共产党和中国政府关于发展这项事业的英明决策和坚强领导,以及一代代优秀科技工作者共同作出的无私奉献,我国尖端科技事业就不可能有"两弹一星"的辉煌成就,我个人也不可能受到表彰。
>
> 新中国诞生不久,饱经沧桑的中国大地百废待兴,历经磨难的中国人民正开始进行社会主义建设。然而天下并不太平,美国悍然出兵侵朝,并对我国进行核威慑。面对当时严峻的形势,我国政府于1955年决定发展原子能事业。开始时我国曾得到苏联的援助,到1959年被迫完全依靠自己的力量发展核武器。1959年夏天,我奉调到核武器研究所参加"原子弹、氢弹攻关任务"的技术领导工作。"两弹"的研制成功,是在党和政府的坚强领导和全国人民

的大力支持下,许多杰出前辈们和优秀同行们集体智慧的结晶。我只是这一集体中的一员。我为我所投身的尖端科技事业得到祖国和人民的肯定感到欣慰和鼓舞。

作为一名长期在核技术领域工作和学习的科技工作者,回顾40多年来的奋斗历程,我的心情很不平静……

核武器研制与试验是一项规模大、技术复杂、综合性强的系统工程,它联系着研究、生产、试验、使用各个部门,需要全国各有关方面的配合,需要有多种专业、高水平的科学与工程技术人员通力协作。二机部九局是在1958年成立的,邓稼先是最早参加这一工作的理论物理学家。1960年初,王淦昌、彭恒武以及中国科学院力学研究所的

1999年9月18日,朱光亚在北京人民大会堂接受江泽民颁发的"两弹一星功勋奖章"

郭永怀等三位著名科学家被调到核武器研究所任副所长。经中央批准，1960年和1962年先后两次从中国科学院、大专院校和有关部门、地区选调了程开甲、陈能宽、龙文光、张兴钤、方正知、黄国光等200多名高、中级科学研究与工程技术人员到核武器研究所。与此同时，中央责成军委、国家计委、教育部等部门共同研究，又从全国抽调一批科技人员加强核工业建设。这些措施从组织上保证了研制工作的顺利进行。1962年底上报第一颗原子弹试验的两年计划安排后，毛泽东同志作出了"要大力协同做好这件工作"的批示，中央要求把从中央到地方的工程技术力量组织起来，全国"一盘棋"，拧成"一股绳"，统一安排，分工负责，通力合作，共同完成任务。据统计，全国先后有26个部（院）、20个省、市、自治区，包括900多家工厂、科研机构、大专院校参加会战。这一全国规模的协作网，包括国防科研部门、中国科学院、工业部门、高等院校和地方科研部门五个方面的技术力量，仅中国科学院就先后动员了30多个研究所承担了300多个科研项目。为加强领导，还由二机部和中科院刘杰、钱三强、张劲夫、裴丽生等领导同志组成协作小组，及时协调解决研制中的具体问题。这样的大力协同工作安排一直延续下来，特别是第一次原子弹爆炸试验后的几次核试验，内容与目标几乎是次次有所不同，前后两次试验间隔的时间又短，准备时间相当紧张，各有关单位仍然是相互谅解，联合攻关，发挥了社会主义

1974年5月30日，毛泽东在北京中南海亲切接见朱光亚

大协作的优势，保证了各次任务的胜利完成。

一直以来，朱光亚始终把自己看作是"两弹一星"研制集体中的一员，他所获得的荣誉和奖章，饱含着许许多多科技工作者的心血。因此，当组织上多次要为他撰写传记时，他都婉言拒绝。

2003年8月22日，朱光亚请求辞去总装备部科技委主任职务。在给组织的请辞信中，他这样写道：

> 自1985年至今，我担任原国防科工委、总装备部科委主任职务18年了。现在，我已79岁，早就超过了最高任

职年龄。长江后浪推前浪，实现新老交替是自然规律，也是工作的需要。为此，我请求免去总装科技委主任职务。

年满70岁时，朱光亚就提出过辞职请求，但未获批准。这次请辞，中央军委依然予以挽留。

2004年3月，步入80岁高龄的朱光亚，在总装备部科技委工作会议上，谈了他一直思考的一个问题：我们国防科技与武器装备的发展要突出"中国特色"。那什么是"中国特色"呢？

朱光亚概括了六点：

一、我国是社会主义国家，要充分利用集中力量办大事的优势。对于具有战略性、带动性的重大问题，要集中各方面力量攻克难关，以重点突破带动整体发展。然而，在实际工作中，这个问题却是知易行难。问题的难点，在于发展的重点不容易选准、方向不容易看清、力量不容易集中。解决问题的关键之一是要有科技帅才，要善于发现和培养优秀的科技领军人物，组织一批高水平的科学技术骨干。

二、我国是有深厚文化底蕴的国家，要创造性地运用中华民族五千年优秀传统思想优势。任何先进的东西，只有与本土文化相融合，才能产生强大的生命力。党的历代领导人非常善于创造性地运用中国优秀传统思想，指导革命和建设实践，为我们树立了典范。我想，继承并发扬这些优秀思想，对于我们搞好武器装备创新，尤其是集成创新也应该具有很强的指导意义。这种设计思想的创新，既需要科学技术研究的积累，也需要良好哲学思维习惯的养成，完全可以从我们优秀传统思想中吸取营养。

三、我国现在还是比较落后的国家，要有效运用后发优势。我军武器装备技术水平总体上比美国落后很多年，必须正视这个差距，发挥后发优势，利用一切可能的方式，积极吸纳国际先进知识和科技成果，认真吸取外军武器装备发展的经验和教训，通过消化吸收和再创新，选准方向，少走弯路，力争在条件许可的情况下，跨过若干发展阶段，迅速提升技术水平。

四、我国目前采取的是积极防御的战略方针，要以形成局部优势为原则发展武器装备。我们军事力量发展的目标，是以积极防御的战略方针为指导，打赢信息化条件下的局部战争；而美国是世界超级大国，军事力量发展的目标是控制全球。战略目标的差别，要求我们不能照搬美国武器装备的发展思路，应该以形成局部优势为原则，自主选择武器装备平台和武器装备体系的发展方向。

五、我国目前科技创新特别是原始性创新不足，要进一步重视基础研究。科学技术的发展是一个逐步积累的过程，没有前期的积累就不可能有后面的快速发展。基础研究是产生新技术、新武器的源泉，是获得技术优势、军事优势和战略优势的重要基石。即使引进国外先进技术，也需要有深厚的基础科学知识才能消化吸收。预先研究、探索研究是加强自主创新，实现武器装备大跨度发展的有效途径。要按照"生产一代、研制一代、预研一代、探索一代"的梯次布局，做好国防科技和武器装备发展的战略谋划。

六、我国目前存在军民科技分隔的现象，要加强军民科技互动与结合。从根本上讲，国防科技与武器装备发展必须立足于国家的科技基础和工业基础。要充分利用制定国家中长期科技发展规划的大好时机，努力在军民结合、寓军于民方面实现新的突破，调动和挖掘更多的资源为武器装备建设服务。

这是朱光亚从事国防科技事业的经验总结，更是给国防科技战线后来者留下的宝贵财富。

2004年11月，国际小行星中心和国际小行星命名委员会将我国国家天文台发现的、国际编号为10388号小行星命名为"朱光亚星"。中国科协、中国工程院、中国科学院、解放军总装备部、中国工程物理研究院在北京联合举行朱光亚院士科技思想座谈会暨"朱光亚星"命名仪式。

2004年11月24日，中共中央总书记、国家主席、中央军委主席胡锦涛代表党中央、国务院、中央军委，亲切看望朱光亚。胡锦涛说：

明天是朱老您八十大寿，我祝朱老生日快乐，身体健康！同时给您和您全家带来新年祝福。

尾声　331

2004年12月24日，胡锦涛到家中看望朱光亚

朱老是我们国家核事业特别是"两弹"事业的元勋和主要科学技术负责人，为我国的科技事业和国防建设立下了卓越功勋。早在20世纪的五六十年代，中央决策研制核武器以后，朱老就和一些著名的科学家一起，投入到原子弹、氢弹研制工作中去。可以说，我们国家核武器发展的每一个阶段，都凝聚着朱老的智慧和汗水。我记得，我们国家建国以后，包括改革开放以来，搞的几次中长期科技规划，研究论证，朱老都是重要参与者，为我们国家重大科技决策作出了突出贡献。

原来的国防科工委、现在的总装系统，搞了多次国防科技和武器装备发展战略研究，每一次论证工作当中，朱老都提出了重要建议。另外，包括培养中青年科技人才，包括加强国际上的科技交流与合作，在这些方面，朱老也做了大量卓有成效的工作。我们对朱老长期以来为我们国家科技事业和国防建设作出的杰出贡献表示衷心的感谢。

朱老身上代表了或者说体现了我们国家老一辈科学家的高风亮节。我们都要学习以朱老为代表的老一辈科学家身上所体现的忠于祖国、忠于人民的奉献精神；实事求是、脚踏实地的科学精神；敢于创新、不懈攀登的求索精神；严肃认真、一丝不苟的工作精神，这些都是我们宝贵的精神财富。

这是党和国家对朱光亚的最高评价。

2005年12月12日，中央军委决定：朱光亚退出现职，不再担任总装备部科技委主任。

从这一天起，81岁高龄的朱光亚正式退休了。

朱明远回忆说："父亲虽然退休了，思想却一直没有退休。在中央军委和总装备部领导的关怀下，他的办公室一直为他保留着。几年来，每天上午他都要去办公室转一转，看看文件。"

朱光亚的警卫干事史博回忆说："首长一到办公室就特别精神，从来不打瞌睡。每天离开办公室以前，还是像以往一样，把办公桌上的文件和书籍摆放整齐，把茶杯里的剩茶水倒掉，把茶杯洗干净。"

终于有一天，朱光亚走不动了，坐上了轮椅，不能去他熟悉的办公室了。

尾 声 333

朱亚光的闲暇时光

2011年2月26日10时30分，距朱光亚退休之后才满5年，这位鞠躬尽瘁、一生报国的伟大战略科学家，在北京不幸逝世，享年87岁。

一位名叫子时的网民，在网络的世界里这样写道：

> 这一天，北京雪花飘飘。农历新年前，北京一直没有下雪。雪花此时飘落，是为一代元勋送别。
>
> 在我原先居住的那个军队大院，和我家房子紧挨着的，就是朱光亚先生一家的小楼，我常见他在公务员搀扶下出来散步。最为感动的，是每次他走过自己家小楼前，站岗的战士向他敬礼时，他必会站定，将右手的拐杖换到左手，然后正正规规举起右手给战士还一个军礼。我们在那座大院生活了4年多，我时常看见面容清瘦、脸上布满老年斑的朱老先生久久地凝望着深邃的天空，一言不发。在那遥远天际，一定有他的思维驰骋。
>
> 我们再也见不到老人的身影了。时光不停，那些伟大的生命却一个个远走。朱光亚先生留下了不朽的精神。
>
> 向朱老致敬！

# 附录

# 朱光亚年表

- **1924年**

  12月25日,出生于湖北宜昌。父亲朱懋功,宜昌邮政局职员。母亲万怀英,平民家庭之女。

- **1927年　3岁**

  朱懋功调至汉口邮政局工作,全家迁居汉口。

- **1929年　5岁**

  入汉口第一小学附属幼稚园学习。

- **1930年　6岁**

  升入汉口第一小学一年级就读。

- **1931年　7岁**

  长江发生特大洪水,汉口被淹。这给幼小的朱光亚留下深刻印象。

- ◆ 1935年　11岁

  在小学六年级上学期，跳班考入汉口圣保罗初级中学。

- ◆ 1937年　13岁

  7月7日，卢沟桥事变，日本全面入侵中国，中国抗日战争爆发。参加武汉学生抗日运动。

- ◆ 1938年　14岁

  初中毕业。与兄长朱光庭、朱光鼐赴四川求学，入合川崇敬中学高中部。

- ◆ 1939年　15岁

  转入江北县清华中学继续就读。

- ◆ 1940年　16岁

  转入重庆南开中学继续就读。

- ◆ 1941年　17岁

  高中毕业。考入重庆中央大学（现南京大学）物理系。

- ◆ 1942年　18岁

  夏，通过西南联大补充考试，转入西南联大物理系学习。

- ◆ 1945年　21岁

  西南联大毕业，留校任见习助教。

  8月15日，日本宣布投降，抗战胜利。

  11月，参加西南联大反内战民主运动，经历蒋介石反动政府迫害爱国学生的"一二·一"惨案。

- ◆ 1946年　22岁

  2月，结束见习期，任西南联大物理系助教。

9月，受国民政府派遣，随吴大猷、华罗庚、曾昭抡赴美国学习原子弹制造技术。学习计划未果，入密歇根大学攻读核物理博士研究生。

◆ 1947年　23岁

当选密歇根大学中国留学生会主席。

夏，被推选为中国学生基督教联合会中西部地区分会主席。该会受中国共产党影响，后期为进步学生组织。

◆ 1948年　24岁

被推选为留美中国科学工作者协会中西部地区分会会长。前任会长是中共地下党员。

◆ 1949年　25岁

9月，获博士学位。10月1日，中华人民共和国成立。

起草《给留美同学的一封公开信》，号召留学生回国参加社会主义建设。

◆ 1950年　26岁

《给留美同学的一封公开信》经52名留学生联合署名后，发表在纽约《留美学生通讯》第三卷第八期。

2月28日，乘坐"克利夫兰总统"号邮轮离开美国，4月3日回到祖国。

4月，执教北京大学物理系，是北大最年轻的副教授。

8月，加入中国民主同盟。

9月，撰写发表《原子能与原子武器》一书。

10月，与许慧君喜结良缘。

◆ 1951年　27岁

年初，作为教师代表赴湖南参观土地改革运动。

夏，参加土改工作团，赴大别山工作2个月。

◆ 1952年　28岁

4月，赴朝鲜，任中国人民志愿军停战谈判代表团秘书处高级翻译。

◆ 1953年　29岁

1月，从朝鲜回国，调东北人民大学（现吉林大学）物理系工作，任系代主任（副主任）、教授兼普通物理教研室主任。

在东北人大期间，先后任民盟东北人大区分部副主任委员、中华全国青年联合会委员、吉林省青年联合会副主席、长春市青年联合会主席等职，并被选为长春市人民代表。

◆ 1955年　31岁

1月，经东北人大党委、长春市委批准，拟任东北人大副教务长，因工作需要调任北京大学筹建物理研究室。

◆ 1956年　32岁

4月至5月，作为中国原子能代表团顾问之一，赴苏联参观访问。

5月14日至22日，出席第一届全苏高能粒子物理会议。

6月28日，经北京市委组织部批准，加入中国共产党。

9月，调任中国科学院物理研究所第二研究室副主任，主任由研究所所长钱三强兼。

- 1959年　35岁

2月，主持设计建造的我国第一座轻水零功率装置建成并达到临界质量。

7月，经钱三强推荐，作为研制原子弹技术领导人调任二机部核武器研究所副所长。

- 1960年　36岁

2月，经二机部党组批准，任核武器研究所党委5名常委之一。

7月，苏联政府单方面撕毁全部援助协议，中国决心自力更生研制核武器。主持起草《二机部党组关于研究和设计原子武器的情况报告》上报中央，毛泽东、刘少奇、周恩来、邓小平等批阅。

- 1962年　38岁

9月，主持起草《1963、1964年原子武器工业建设、生产计划大纲》(简称《两年规划》)，明确提出：争取在1964年，最迟在1965年上半年爆炸我国第一颗原子弹。该报告以二机部党组名义呈报毛主席、党中央。

11月17日，刘少奇主持召开中央政治局会议，审议《两年规划》。同日，中央专委成立。周恩来任中央专委主任。

12月4日，周恩来主持中央专委会议，听取刘杰、钱三强、朱光亚汇报原子弹研制情况。

- 1963年　39岁

3月，核武器研制基地在青海金银滩建成。核武器研究所开始迁往青海。

4月2日，毛泽东、周恩来、邓小平等中央领导亲切接见二机部科学家代表。朱光亚等78名同志受到接见。

5月，主持起草原子弹《第一期试验大纲》。

12月，列席中央专委会议，汇报原子弹研制进展情况。组织缩小尺寸（1∶2）聚合爆轰试验获得成功。

◆ 1964年　40岁

3月，经中央批准，二机部九局与核武器研究所、青海核武器研制基地合并为中国核武器研究院。李觉任院长，吴际霖、朱光亚、王淦昌、彭桓武、郭永怀任副院长。

4月，列席中央专委会议。会议决定：抓紧做好第一次核试验的一切准备工作。会后，主持起草《596装置国家试验大纲》（"596"为第一颗原子弹代号）。

6月，组织全尺寸聚合爆轰试验获得成功。

8月，经中央批准，成立首次核试验党委，张爱萍任书记，刘西尧任副书记，朱光亚为12名常委之一。

9月，列席中央专委会议。经毛泽东批准，决定10月至11月之间进行第一颗原子弹爆炸试验。

10月16日，第一颗原子弹爆炸试验圆满成功。

12月，主持起草《关于空中核爆炸试验方案的报告》。

◆ 1965年　41岁

2月，主持召开氢弹研究规划会，指导制定氢弹原理研究工作计划。

3月，列席中央专委会议，汇报原子弹空爆试验准备工作情况。

5月，参与组织首次原子弹空爆试验获得圆满成功。

5月30日，中共中央、国务院、中央军委为两次核试验功臣举行庆功酒会。钱学森和朱光亚分坐在周恩来两旁。

8月，主持起草《关于突破氢弹技术关键问题上的工作安排》。

◆ **1966年　42岁**

参与组织"两弹结合"试验准备工作。

9月5日，与有关部门领导一起，向聂荣臻汇报"两弹结合"试验准备工作完成情况。

10月8日、20日，两次列席中央专委会议，汇报"两弹结合"有关核弹头方面的研制情况。

10月27日，参与组织首次导弹核武器（两弹结合）发射试验，获得圆满成功。

11月，主持召开氢弹科研生产汇报会。会后，执笔起草《关于氢弹头"初级"试验准备工作情况的报告》，以二机部名义上报中央专委。

12月11日，列席中央专委会议，向中央领导汇报氢弹研制中的关键技术问题。周恩来高度赞扬朱光亚起草的氢弹试验准备工作情况报告"写得很好"。

◆ **1967年　43岁**

2月，在核武器研制基地主持召开1967年科研生产计划会议。期间，因青海发生大规模武斗，会议被迫暂停。

3月2日，中断的科研生产计划会议以国防科委、国防工办的名义改在北京京西宾馆进行。

4月，主持起草《关于1967年核武器研制与试验工作安排意见的报告》，报告得到中央专委高度肯定。

6月17日，参与组织首次氢弹空爆试验获得圆满成功。

10月，参加首次地下核试验技术工作会议。

12月，参加周恩来召开的专题会议，汇报地下核试验准备工作进展情况。

◆ 1968年　44岁

1月，国防科委决定暂由朱光亚等7人组成核武器研究院临时领导小组。

9月，核武器研究院临时领导小组正式成立，朱光亚为领导成员之一。

12月，参与组织第二次氢弹爆炸试验获得圆满成功。

◆ 1969年　45岁

4月，出席中共九大，当选中央候补委员。

8月10日，列席中央专委会议，汇报第一次地下核试验准备工作情况。

9月23日，参与组织第一次地下核试验获得圆满成功。

◆ 1970年　46岁

6月，经党中央批准，调任国防科委副主任。

7月15日，参加中央专委会议，听取核潜艇陆上模式堆提升功率专项工程汇报。

10月，参与组织指挥氢弹空爆试验获得圆满成功。

11月至12月，多次参加中央专委会议，研究国防科研试验有关项目准备工作情况。

12月，经中央军委批准，国防科委成立临时党委常委，朱光亚是11名常委之一。

◆ **1971年　47岁**

1月，主持起草《关于上海试验性核电站方案的研究情况的报告》，上报中央专委。

4月，组织指导相关单位认真总结11次核试验的经验。

9月，参加中央专委会议，研究核试验准备工作情况。

11月，参与组织指挥某型号核试验获得圆满成功。

12月30日，组织指挥某型号氢弹空爆试验，因飞机装弹装置发生故障，核弹未能投下，临危受命，果断组织指挥飞机成功带核弹着陆。

◆ **1972年　48岁**

1月，参与组织指挥某型号核试验获得圆满成功。

3月，参与组织指挥某型号核试验获得圆满成功。

5月，参加中央专委会议。周恩来关心地指出："朱光亚太忙了。"

8月，参加中央专委会议，听取某国防工程试验汇报。

10月，陪同周恩来会见美籍华裔科学家李政道博士。

◆ **1973年　49岁**

6月，参与组织指挥某型号核试验获得圆满成功。

8月，参加中央专委会议，研究某型号导弹研制情况。

8月29日，出席中共十大，当选中央候补委员。

◆ 1974年　50岁

3月，参加中央专委会议，审查某核电站建设方案。

6月，参与组织指挥某型号核试验获得圆满成功。

9月，对首次竖井地下核试验进行工作部署和指导。

10月，参加中央专委会议，审定尖端武器定型领导机构。

12月，国务院、中央军委下发《关于成立国防尖端武器定型机构的通知》，朱光亚为该领导机构成员。

◆ 1975年　51岁

3月，中央军委任命张爱萍为国防科委主任。积极支持张爱萍对国防科技系统进行大力整顿。

◆ 1976年　52岁

1月8日，周恩来逝世。参加治丧委员会。

1月15日，参加周恩来追悼大会后赴新疆核试验基地，组织指挥核试验。

1月23日，核试验获得圆满成功。

9月9日，毛泽东逝世。参加治丧委员会。

9月24日，赴新疆核试验基地组织指挥核试验。

9月26日，核试验获得圆满成功。继续留在核试验场，组织部署第三次地下核试验。

10月17日，第三次地下核试验获得圆满成功。继续留在核试验场，组织部署新型号氢弹空爆试验。

11月11日，返回北京，参加中央专委会议，向华国锋、叶剑英等中央领导同志汇报核试验准备工作情况。会议结束后赴新疆核试验场。

11月17日，氢弹空爆试验获得圆满成功。

◆ **1977年　53岁**

8月，出席中共十一大，当选中央委员。

9月，参与组织指挥某型号核试验获得圆满成功。

◆ **1978年　54岁**

1月，当选第五届全国人大代表。

5月5日，在国防科委首次科技讲座上主讲中子弹技术知识。

9月，赴新疆核试验基地，检查指导竖井地下核试验准备工作。

12月14日，参与组织指挥某型号核试验获得圆满成功。

◆ **1979年　55岁**

3月26日，参加中央专委会议。同日，与国防科委政委李耀文等向国务院领导汇报发展核电问题。

7月，中央军委任命朱光亚等17人为战略武器定型委员会委员。

◆ **1980年　56岁**

2月，当选中国核学会第一届理事会副理事长。

11月，当选中国科学院数学物理学部学部委员。

◆ **1981年　57岁**

3月11日，对广东发展核电站向国务院提出建议。

4月7日，听取二机部关于核电站论证情况。

- **1982年　58岁**

  7月，国防科工委成立。出任国防科工委科技委副主任。

  9月，出席中共十二大，当选中央委员。

  10月，参与组织指挥某型号核试验获得圆满成功。

- **1983年　59岁**

  3月，参加国务院听取二机部关于核电站建设汇报会。

  5月，参与组织指挥某型号核试验获得圆满成功。

  6月，听取秦山核电站建设情况汇报。

- **1984年　60岁**

  2月24日、8月28日，在中南海参加中央核电领导小组会议。

  12月19日，组织指挥中子弹第一次原理性试验获得成功。

- **1985年　61岁**

  3月，任国防科工委科技委主任。

  4月，任国防科工委党委常委。

  5月15日，因在原子弹研制中作出重大贡献，获得国家科技进步特等奖。

- **1986年　62岁**

  3月22日至25日，主持召开"战略性国防高技术发展问题座谈会"，钱学森、王淦昌、王大珩、陈能宽等20多位专家参加。这次座谈会，初步拟定了国防科技领域高技术发展项目。

  4月1日，在"863计划"会议上传达邓小平关于"发展高技术"批示精神。4月7日，参与组织召开"制定高技术发展计划"研讨会，120多位专家出席。4月16日至23日，主持召开国防科技系统专家讨论会，形成《面向21世纪的战略性国防高技术》和《国防科技领域863计划主要项目说明》两个重要文件。

6月，参与组织100多位专家制定"863计划"，最后形成《863计划纲要》呈报国务院。

8月16日至19日，列席国务院常务会议，汇报《863计划纲要》。

10月21日，列席中共中央政治局常委会，汇报《863计划纲要》拟制情况。会议讨论通过了《863计划纲要》。

◆ 1987年　63岁

6月，参与组织指挥某型号地下核试验获得圆满成功。10月，出席中共十三大，当选中央委员。

◆ 1988年　64岁

4月，出席"863"航天技术领域专家组会议，指导制定《我国航天高技术总体发展蓝图》。

7月，提出并指导载人航天技术进行顶层概念研究。

9月，参与组织指挥某型号地下核试验获得圆满成功。

10月，荣获"献身国防科技事业"荣誉奖章和证书。

◆ 1989年　65岁

4月，参加中央军委常务会议，汇报核武器发展现状和"八五"计划设想。

12月，参加中央专委会议，汇报载人航天发展计划和论证工作有关工作情况，得到中央专委高度肯定。

◆ 1990年　66岁

1月，出席"863"航天领域专家组会议，传达中央专委有关载人航天的指示精神，对载人航天概念论证阶段工作进行总结，并将修改补充后的载人航天概念论证综合报告，作为最后定稿上报中央专委。

3月，与国防科工委科技委秘书长王寿云合作撰写《对载人航天意义的再认识》。

6月、8月，各组织指挥一次某型号核试验，均获得圆满成功。

12月，当选中国核科学第三届理事会名誉理事长。

◆ 1991年　67岁

5月，当选中国科协第四届全国委员会主席。

6月，参加中央专委会议，汇报我国发展载人航天问题。

10月，率科学家小组访美，与美国科学院国际安全与军备控制委员会进行学术讨论。这是他1950年回国后首次出访美国。

◆ 1992年　68岁

1月，参加中央专委会议，汇报载人航天工程可行性论证工作。

8月，参加中央专委会议，研究载人飞船研制。

10月，出席中共十四大，当选中央委员。

12月，向中央政治局常委汇报"核武器发展规划设想"。

◆ 1993年　69岁

3月，出席八届全国政协第一次会议，当选政协常委。

4月，主持召开核禁试形势研讨会。

8月，听取潜艇核动力技术汇报。

10月，参与组织指挥某型号地下核试验获得圆满成功。

◆ 1994年　70岁

2月，出任《中国科学技术专家传略》编委会主任。婉拒为自己撰写传记。

3月，出席全国政协八届二次会议，被增选为全国政协副主席。

5月31日，中国工程院成立，当选首任院长。

6月，参与组织指挥某型号地下核试验获得圆满成功。

10月，参与组织指挥某型号核试验获得圆满成功。

◆ 1995年　71岁

4月，将接受的企业家捐助资金，设立中国工程院工程科技奖励基金。

7月，参加中央专委会议，研究载人航天工程问题。

8月，参与组织指挥某型号核试验获得圆满成功。

10月，为全军后勤科技大会作《当代工程技术发展趋势及对军事领域的影响》报告。

11月，赴天津作《当代工程技术发展趋势及应注意的几个问题》专题报告。

◆ 1996年　72岁

3月，国家科技领导小组成立，作为领导小组成员出席成立大会及第一次会议。

7月，参与组织指挥某型号核试验获得圆满成功。

9月，出席"展望21世纪论坛"，发表《亚洲和中国科学技术的发展及对经济、社会的影响》演讲。

10月，荣获"何梁何利基金科学与技术成就奖"，并将100万港币奖金全部捐给中国工程院工程科技奖励基金会。

◆ 1997年　73岁

1月，会见美国科学院院长，就双方合作交换意见。

4月，会见韩国科技部部长，就双方合作交换意见。

11月，率中国工程院代表团访问澳大利亚、马来西亚工程院。

◆ 1998年　74岁

4月，主编并作序《中国科学技术前沿》首次出版。

6月，在全国政协九届二次常委会上作《跨世纪科学技术发展趋势和我国的差距》报告。

◆ 1999年　75岁

1月，被中央军委任命为总装备部科技委主任。

8月，参加中国核电发展战略研讨会。

9月，参加中共中央、国务院、中央军委在人民大会堂隆重召开表彰为研制"两弹一星"作出杰出贡献的科技专家大会，被授予"两弹一星功勋奖章"。

◆ 2000年　76岁

3月，发表《忆我国研制发展核武器的历程》文章。

9月，赴中国工程物理研究院调研，指导制定核武器发展战略和高技术项目研制。

◆ 2001年　77岁

2月，当选"为'863计划'做出特殊贡献"先进工作者。

3月,陪同江泽民、胡锦涛参观"863计划"成就展。

4月,出席中央军委常务会议,汇报《2020年前武器装备发展战略研究》。

11月,赴核试验基地组织指导某型号国防实验,获得圆满成功。

◆ 2002年　78岁

2月,视察广东大亚湾核电站。

12月,出席总装备部武器装备技术创新座谈会。

◆ 2003年　79岁

3月,主持召开总装备部科技委深化武器装备发展战略研究工作会议。

6月,参与制定国家中长期科学和技术发展规划。

8月,请求辞去总装备部科技委主任职务。未获中央军委批准。

◆ 2004年　80岁

1月,全国政协主席贾庆林到家看望,称朱光亚是中国科技界的一面旗帜。

6月至8月,多次参加国家中长期科学和技术发展规划战略研究专题汇报。国务院总理温家宝听取汇报。

12月24日,中共中央总书记、国家主席、中央军委主席胡锦涛看望朱光亚。

12月26日,在人民大会堂参加朱光亚科技思想座谈会暨"朱光亚星"命名仪式。

◆ 2005年　81岁

4月，赴中国工程物理研究院考察。

9月，赴新疆核试验基地考察。

12月，中央军委决定，朱光亚退出现职，不再担任总装备部科技委主任。

◆ 2006年　82岁

3月，参加总装备部科技委年会。

9月16日，参加于敏院士学术思想研讨会。

9月25日，参加彭恒武院士科技思想座谈会。

12月6日，中共中央政治局常委、国家副主席曾庆红前往解放军总医院看望朱光亚。

◆ 2008年　84岁

6月25日，荣获第八届光华工程科技成就奖。

◆ 2009年　85岁

8月6日，国务院总理温家宝看望朱光亚。向总理提出两点建议：大力推进自主创新，推动我国尽快走上由创新驱动的发展轨道，切实提高我国的科技、经济竞争力；科研诚信问题不容忽视，应在制度上有鼓励严谨求实的政策，有防止科研不端行为的机制和措施。

◆ 2011年　87岁

2月26日10时30分，因病在北京去世，终年87岁。

# 弘扬中国精神　讲述科学家传奇故事

## "讲精神　聚国力　强国魂"精品讲座系列课

**第一讲：杨新英／彭　洁**
《彭士禄传》｜ 弘扬中国精神　讲述我心中的偶像
　　　　　　　　——中国著名核动力专家、中国核潜艇首任总设计师、核电事业垦荒牛彭士禄院士

**第二讲：王　霞**
《彭桓武传》｜ 潇洒风流总出尘——中国著名核物理学家、"两弹一星"功勋科学家彭桓武院士

**第三讲：冉淮舟**
《罗沛霖传》｜ "红色科学家"——中国著名电子信息科学家、"两院"院士罗沛霖

**第四讲：郭兆甄／熊继祖／侯艺兵**
《王淦昌传》｜ 王淦昌与王淦昌时代——国际著名核物理学家、"两弹一星"功勋科学家王淦昌院士

**第五讲：王建蒙**
《孙家栋传》｜ 造一辈子中国"星"——中国探月工程总设计师、著名航天科学家、"两弹一星"功勋科学家孙家栋院士

**第六讲：马京生／陈晓东**
《陈芳允传》｜ "天眼"铸就飞天梦——中国著名无线电电子学家、卫星测控专家、"两弹一星"功勋科学家陈芳允院士

**第七讲：彭继超**
《邓稼先传》｜ 精忠报国　向死而生——中国著名核物理学家、"两弹一星"功勋科学家邓稼先院士

**第八讲：马晓丽／边东子**
《王大珩传》｜ 他用"光"改变中国——中国著名光学家、中国光学之魂、"两弹一星"功勋科学家王大珩院士

**第九讲：谭邦治**
《任新民传》｜ 呕心沥血航天梦——中国著名航天科学家、中国航天总总师、"两弹一星"功勋科学家任新民院士

**第十讲：葛能全／陈丹／彭继超**
《钱三强传》｜ 国士钱三强——中国著名核物理学家、科学院院士、"两弹一星"功勋科学家钱三强

**第十一讲：奚启新／朱明远**
《朱光亚传》｜ 一辈子一件事——造中国核武器——中国著名核物理学家、两院院士、"两弹一星"功勋科学家朱光亚

**第十二讲：叶永烈／钱永刚／王春河／沈英甲**
《钱学森传》｜ 科学的旗帜　知识的宝藏——国际著名科学家、空气动力学家、两院院士、"两弹一星"功勋科学家钱学森

中国青年出版社

"百年追梦：共和国科学拓荒者传记系列"宣讲团